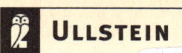

Das Buch

Viele interessante Menschen hat Hellmuth Karasek im Laufe seines Berufslebens getroffen. Manchmal hat er – wie beim Zusammentreffen mit Ernst Bloch, Billy Wilder oder Woody Allen – etwas gelernt, manchmal ist er – wie bei Brigitte Bardot, Romy Schneider oder Jacqueline Bisset – aus einem Traum aufgewacht, manchmal ist er auch einfach nur einer Verwechslung zum Opfer gefallen, wie bei Günter Grass oder Giangiacomo Feltrinelli. Aber wie er nachträglich weiß, ist er jedes Mal nicht nur auf einen anderen Menschen getroffen, sondern auch auf den herrschenden Zeitgeist, auf die neueste Stimmung. Er bezeichnet diese Begegnungen wie beim Billard als »Karambolagen«, weil sie, obwohl kurz, die Bewegungsrichtung seines Lebens oft verändert haben.

Der Autor

Hellmuth Karasek, geb. 1934, Journalist und Schriftsteller, leitete über zwanzig Jahre lang das Kulturressort des Nachrichtenmagazins *Der Spiegel* und war Mitglied des *Literarischen Quartetts*. Jetzt ist er Mitherausgeber des Berliner *Tagesspiegel*. Neben Büchern zur Literatur- und Filmgeschichte hat er auch mehrere Romane verfaßt.

Von Hellmuth Karasek ist in unserem Hause außerdem erschienen:
Betrug

Hellmuth Karasek
Karambolagen

Begegnungen mit
Zeitgenossen

Ullstein

Besuchen Sie uns im Internet:
www.ullstein-taschenbuch.de

Umwelthinweis:
Dieses Buch wurde auf chlor- und
säurefreiem Papier gedruckt.

Ullstein Verlag
Ullstein ist ein Verlag des Verlagshauses
Ullstein Heyne List GmbH & Co. KG.
1. Auflage Januar 2004
© 2002 by Ullstein Heyne List GmbH & Co. KG/
Ullstein Verlag
Die meisten Texte sind zuerst als Kolumnen in der
Sonntagsbeilage des »Tagesspiegel«, Berlin, erschienen.
Umschlaggestaltung: Thomas Jarzina, Köln, unter
Verwendung einer Vorlage von
Büro Jorge Schmidt, München
Satz: LVD GmbH, Berlin
Druck und Bindearbeiten: Ebner & Spiegel, Ulm
Printed in Germany
ISBN 3-548-36494-2

Karambolage von Karambolagen; beim Billard so spielen, daß der Ball mit mehreren zusammenstößt; im übertragenen Sinn von Personen gebraucht, die unliebsam zusammentreffen.

Meyers Lexikon, 1906

Inhaltsverzeichnis

Als ich einmal blauäugig zu **Hitler** hochblickte ...**13**

Als ich beinahe mit **Heinz Rühmann** Jaguar fuhr ...**17**

Als mir **Theodor Eschenburg** die Gesetze des Schwimmbeckens erklärte ...**21**

Mit **Konrad Adenauer** am Gartenzaun ...**25**

Wie ich meinem Chef **Josef Eberle** einmal den Spaß verdarb ...**29**

Wie **Heinz Baumann** und ich verhaftet wurden ...**33**

Wie ich mit **Rolf Hochhuth** über eine Aufführung des »Stellvertreters« verhandelte ...**39**

Mit **Ernst Bloch** im Theater ...**46**

Wie ich **Helmut Griem** nach einer Prügelei
wiedersah ...**50**

Als mich **Rudolf Noelte** eindringlich durch
die Brille ansah ...**55**

Wie ich mit **Qualtinger** auf die österreichische
Gemütlichkeit prosten sollte ...**59**

Wie ich die junge **Liv Ullmann** zu spät
kennen lernte ...**64**

Wie ich **John Cranko** einen Baum fällen ließ ...**68**

Wie mir **Josef Eberle** lateinische Gedichte vorlas ...**74**

Wie ich einmal **Giangiacomo Feltrinelli** erzürnte ...**79**

Wie ich **Günter Grass** die deutsche Literatur
auf zwei Schultern packte ...**83**

Wie ich **Peter Handke** mit einem Mädchen
verwechselte ...**89**

Mit **Klaus Wagenbach** in Princeton und
fast eine Liebesgeschichte ...**93**

Wie **Dürrenmatt** mir Cognac in den Wein
kippte ...**99**

Wie ich **Stan Getz** hinter der Bühne besuchte ...**103**

Wie ich mit **Alexander Mitscherlich** in die bessere Zukunft fuhr ...**107**

Wie **Renate Rasp** einmal **Joachim Kaiser** fast in Verlegenheit brachte ...**111**

Wie **Marion Gräfin Dönhoff** mich zu Karl May führte ...**115**

Wie ich **Max Horkheimer** beim Binokel zusah ...**119**

Wie **Peter Palitzsch** und ich zu Landfriedensbrechern wurden ...**123**

Wie mich **Benno Besson** zurück nach Sezuan schmuggelte ...**129**

Als ich wegen einer Papaya **Thornton Wilder** kennen lernte ...**133**

Wie ich mit **Otto Sander** und **Bruno Ganz** finnisches Bier trank ...**138**

Wie **Peter Handke** einmal **Helmut Lohner** erschreckte ...**142**

Wie ich mit **Romy Schneider** Silvester feierte ...**146**

Wie mir **Biermann** ein paar Quadratmeter DDR verkaufte ...**151**

Wie **Walter Schmidinger** meinen Studenten in Göttingen eine Privatvorstellung gab ...**155**

Wie ich durch **Zadeks** »Othello« neue Freunde gewann ...**159**

Wie gefährlich es ist, mit dem **Schah** Ski zu fahren ...**164**

Georg Hensel und zwei Witze ...**168**

Wie **Rudolf Augstein** einmal für **Ernst Jünger** sang ...**177**

Wie sich mir mit **Brigitte Bardot** ein Traum erfüllte ...**181**

Wie ich **Loriot** mit den gefiederten Freunden feierte ...**185**

Wie ich **Ulla Hahns** Zukunft voraussah ...**189**

Wie ich aus Versehen **Grass** mit **Hitler** verglich ...**193**

Wie ich in **Marilyn Monroes** Bett schlief ...**198**

Wie ich mit **Helmut Dietl** die Osteria umgestaltete ...**203**

Billy Wilder. Wer ist der Papst neben dem Mann? ...**207**

Wie ich auf **Erich Mielkes** Toilette durfte. Durfte? Ging! ...**211**

Wie **Heiner Müller** mich für einen guten Polizisten hielt ...**215**

Am Telefon mit **Marlene Dietrich** ...**219**

Wie der Donnergott **Walser** gegen **Marcel Reich-Ranicki** zu Hilfe kam ...**223**

Wie ich mit **Billy Wilder** ins Kino ging ...**227**

Wie ich einmal in **Woody Allens** Kinderwohnmobil wartete ...**232**

Wie **Kevin Costner** einmal kleiner war, als ich gedacht hatte ...**236**

Über den Wolken mit **Jacqueline Bisset** ...**241**

Was **Steven Spielbergs** Film »Schindlers Liste« auslöste ...**245**

Wie ich **Peter von Zahn** aus dem Zug lockte ...**253**

Wie ich mit **Reich-Ranicki** plötzlich in Finnland war ...**257**

Wie **Billy Wilder** mir sein letztes Drehbuch erzählte …**261**

Wie ich **Hugh Johnson** pries und dem Weinpapst eine Sehne riss …**269**

Mit **Günter Grass** im Regionalexpress …**275**

Wie ich mit **Helmut Kohl** über abgenommene Führerscheine sprach …**278**

Register …**282**

Als ich einmal blauäugig zu **Hitler** hochblickte

Im Jahr 1938, ich war gerade einmal vier, geriet meine Kindheit in Unordnung. Bis dahin war ich ein wohl behütetes Kind in Brünn, dem seine Mutter ihre ganze Fürsorge und Liebe zuwandte, während mein Vater bis tief in die Nacht Tennisschläger bespannte, um zusätzliches Geld zu verdienen. Tagsüber arbeitete er im renommierten Sportgeschäft Balony Baumann, und ich weiß noch, wie er mich eines Sonntags auf seine Fahrradstange setzte, um mit mir ins Grüne zu fahren; wir gerieten aber in eine Straßenbahnschiene und stürzten. Oder er nahm mich zu einem Autorennen mit, bis heute habe ich den beißenden Mandelgeruch in der Nase, den das Benzin der Rennwagen verströmte, wenn sie kurz an uns vorbeiröhrten.

1938 jedoch zog die tschechoslowakische Regierung meinen Vater zum Militär ein. Er desertierte, weil er nicht gegen die Deutschen kämpfen wollte, und meine Mutter setzte sich mit mir in den Zug nach Wien, zu Verwandten. Auf der Reise fuhren wir an so gewaltigen Bahnstationen wie Lundenburg oder Prerau vorbei, ich hörte zum ersten Mal Wurstverkäufer schreien, sah zum ersten Mal livrierte Gepäckträger und trank zum ersten (und für lange Zeit zum letzten) Mal Coca-Cola. Dann kamen wir in Wien an, wo ich kurz darauf Adolf Hitler begegnen sollte. Ich weiß noch, dass mein Vater und meine Mutter glaubten, dass Adolf Hitler, der damals nur »der Führer« hieß, der Retter sei, weil er meinen Vater endgültig vom tschechischen Militärdienst gegen die Deutschen befreien würde.

Wien war damals düster und finster, die abendliche Dunkelheit verschluckte die Stadt und ihre verschlissene Pracht. Krieg lag in der Luft, wie ich aus den Gesprächen meiner Mutter mit den Verwandten heraushörte. Sie freute sich noch nicht auf den Endsieg, sie war schwanger und bangte um ihre und unsere Zukunft. Trotzdem packte sie mich eines Abends am Arm und zog mich von der Wiedner Hauptstraße – wir wohnten in einer mit engen Sozialwohnungen bestückten Nebenstraße, der Nikolsdorfer Gasse – in den prächtigen Ersten Bezirk. Auch dort war alles dunkel, keine Laternen, nur vor dem Hotel Imperial sah man noch Licht und davor eine Menschenmenge. Meine Mutter und ich stellten uns dazu.

Adolf Hitler, der Führer, sollte sich gleich zeigen. Ich war voller Erwartung, jetzt!, bald!, würde ich ihn sehen. Ich weiß nicht, wie lange wir warten mussten, ich weiß nur noch, dass die Menge »Heil Hitler!« schrie und nach vorne drängte, und dass wir schließlich mitgerissen wurden. Als er auf dem Prachtbalkon erschien, brach Jubel aus. Meine Mutter nahm mich auf den Arm, damit ich ihn besser sehen könnte. Ich sah, wie er seinen Arm grüßend anwinkelte (oder habe ich mir das erst später aus unzähligen Bildern zusammengereimt?). Jedenfalls sagte ich zu meiner Mutter: »Mutti, er hat so wunderbare blaue Augen.« Nun stand Hitler schätzungsweise zehn Meter über mir, und wirklich hell war es auch nicht, aber dennoch soll ich das mit den »wunderbaren blauen Augen« gesagt haben – erzählte in den Tagen darauf meine Mutter immer wieder. Das ist gut möglich, schon allein, weil viele Deutsche und »Heim ins Reich«-geholte Österreicher das damals sagten.

Später fragte ich meine Mutter gelegentlich, ob sie mir wirklich erzählt hatte, dass ich von den blauen Augen Hitlers geschwärmt hätte. Aber meine Mutter konnte sich immer weniger daran erinnern. »Habe ich das wirklich gesagt?«, fragte ich sie, doch meine Mutter, die in der ersten Zeit nach der abendlichen Begegnung noch froh und strahlend darauf geantwortet hatte, mochte sich an die Szene vor dem »Imperial« immer weniger gern erinnern. Viele Jahre später, ich war schon erwachsen, der Krieg war nicht nur verloren, sondern auch verdrängt, habe ich meine Mutter noch ein letztes Mal gefragt. »Was du dir alles einredest!«, antwortete sie und schüttelte mit spöttischem und missbilligendem Lächeln den Kopf.

Als ich beinahe mit **Heinz Rühmann** Jaguar fuhr

Meine schönsten Sommertage in den Jahren 1941/1942, vielleicht auch noch 1943, verbrachte ich im Schwimmbad in Bielitz. Die kurzen Sommer am Fuße der Beskiden waren heiß, die Textilstadt an der Grenze zu Galizien war in Österreich eine deutsche Sprachinsel gewesen, die nach 1918 an Polen fiel. Jetzt, nach Hitlers Polenfeldzug, gehörte sie zum Gau Oberschlesien. Egal. Die Stadt hatte ein modernes Schwimmbad mit einem Zehn-Meter-Turm. Nach der Schule ging ich in der Mittagshitze zu dem Freibad, hörte schon von weitem den Lärm kreischender Kinder und das Platschen von den Springern und freute mich auf das glitzernde Wasser. Das Schlimmste war, wenn mir meine Mutter – sie war mit ihren vier Kindern allein, mein Vater war »in Russland« – wegen einer Ungezogenheit das Baden verbot. Dann musste ich zu Hause bleiben und dachte bei brütender Hitze voller Sehnsucht an den fröhlichen Lärm und das erfrischende Wasser.

Einmal, an einem besonders heißen Nachmittag, flüsterten mir meine Freunde zu: Stell dir vor, wer im Schwimmbad ist! Um gleich zu antworten: Heinz Rühmann. Wir liebten damals Rühmann über alles, vor allem wegen seines Films »Quax, der Bruchpilot« und wegen seiner schönen Frau Herta Feiler, die schwarzhaarig war und blitzende Zähne in einem großen sinnlichen Mund hatte. Wir stürzten uns in den Bereich, wo es Getränke gab. Da sahen wir ihn. Klein und in Badehose, wir erkannten seine spitze, gleichsam fliehende Nase, den schmalen Mund, der immer leicht im Spott verzogen schien, aber auch irgendwie traurig aussah (ein Verlierermund), sein glattes Haar, sein durchgedrücktes Kreuz. Natürlich wagten wir nicht, ihn anzusprechen, aber wir stupsten uns an: Er war es! Und wir erzählten uns, dass er Urlaub habe, von der Luftwaffe. Oder dass er für Soldaten ein Frontkonzert gebe und sich jetzt erholen würde. Für einen Tag. Hier im Freibad.

1990 sollte ich für die Ufa, die eine Kassettenreihe mit Rühmann-Filmen zu seinem 90. Geburtstag publizierte, das Begleitbüchlein schreiben. Ich besuchte Rühmann in seinem Haus in Oberbayern, wobei ich mich am ersten Besuchstag hoffnungslos verfuhr, so dass ich statt um 10 Uhr erst um 12 Uhr ankam.

In den folgenden Tagen interviewte ich Rühmann täglich von 10 Uhr bis zum frühen Nachmittag. Die Gastfreundschaft von Frau Rühmann war überwältigend, und ich staunte, dass Rühmann Sauerkraut, Braten und Knödel aß, deftige Kost. Danach trank er schwarzen Kaffee, der enorm stark war. Was für ein Herz, dachte ich. Rühmann erzählte, dass er kürzlich das Fliegen aufgegeben habe, und bot an, mich mit seinem Jaguar zurück nach München zu fahren. Ich erschrak und lehnte dankend ab.

Er war äußerst kooperativ und erzählte viel. Wie viele große Komiker war er dabei todernst, um nicht zu sagen humorlos. Nur einmal musste er schadenfroh kichern: Als er mir erzählte, wie Hans Albers bei den Dreharbeiten zu »Bomben auf Monte Carlo« im Wasser sein Toupet verloren habe. Der Komiker beneidete und verachtete den Helden, Geschichten von sexuellen Renommiereien des Partners schilderte er mit schadenfroher Verachtung.

Am dritten Tag unserer Unterhaltung fragte ich ihn, ob er je in Bielitz gewesen sei, im Sommer, im Freibad, mitten im Krieg. Er sagte kategorisch: Nein! Nie! Wirklich niemals! Natürlich haben wir uns auch ausführlich über die Nazi-Zeit unterhalten, und er erzählte, wie die »Feuerzangenbowle« in Deutschland nicht in die Kinos kommen sollte, weil sie sich über die deutschen Lehrer lustig machte. Und wie er daraufhin mit dem Film in der Aktentasche zu Hitler persönlich in das

Führerhauptquartier Wolfsschanze gefahren sei und wie Hitler den nach Ansicht Rühmanns später populärsten Film persönlich genehmigt hatte. Auch von Fritz Hippler erzählte er, dem Reichsfilmintendanten, der, laut Rühmann, gar kein so schlimmer Nazi gewesen sei. Nicht einmal »Heil Hitler!« habe man grüßen müssen, wenn man zu ihm kam.

Später hat eine Sekretärin bei der Ufa in Hamburg meine Tonbandprotokolle mit Rühmann abgeschrieben. Und die Stelle mit Hippler hatte die Sekretärin so verstanden: Nein, sagt Rühmann, Hitler (er hatte natürlich »Hippler« gesagt) sei kein schlimmer Nazi gewesen. Nicht einmal »Heil Hitler!« habe man grüßen müssen, wenn man zu Hitler gekommen sei. Ich frage also, lebt Hitler noch? Und Rühmann antwortet: Ja, Hitler lebt in Salzburg.

Wäre das so veröffentlicht worden, die Rühmann-Story (und meine) hätte umgeschrieben werden müssen.

Als mir **Theodor Eschenburg** die Gesetze des Schwimmbeckens erklärte

Anfang der fünfziger Jahre, als ich in Tübingen zu studieren anfing, bestand der Südweststaat Baden-Württemberg noch aus drei separaten Ländern: den Erzrivalen Baden und Württemberg und dem winzigen, territorial wie in Duodez-Zeiten zerrissenen Württemberg-Hohenzollern. Das wiederum verdankte seine kurzlebige Existenz weniger historischen Föderalismen als der Tatsache, dass das Land, im Unterschied zum großen Württemberg, wo die Amerikaner Besatzungsmacht waren, unter der Obhut der französischen Armee stand. Das prägte: Wir Tübinger Studenten rauchten Gitanes und Gauloises, tranken Pernod und hörten Chansons von Charles Aznavour und Yves Montand. Hauptstadt des zur Hälfte katholischen, zur anderen Hälfte strikt protestantischen (um nicht zu sagen: pietistischen) Staatchens war

Tübingen. Der Landtag versammelte sich in dem idyllisch gelegenen Kloster Bebenhausen in verträumtester historischer Kulisse, und wenn er im Winter tagte (und die Winter waren damals bekanntlich noch kalt), dann mussten die Abgeordneten aus Rottenburg, Reutlingen oder Balingen in ungeheizten, unheizbaren Klosterzellen nächtigen.

Damals regierte (und regieren hieß auch, die Deutschen zur Demokratie erziehen und zurückerziehen) unter anderen der Sozialdemokrat Carlo Schmid, ein kultivierter Herr, der in der deutschen wie in der französischen Kultur und Sprache gleichermaßen zu Hause war.

Es gab einen Staatsrat namens Theodor Eschenburg, und Eschenburg lehrte auch an der Uni das damals noch junge Fach »Politik«, das später zu den politischen Wissenschaften avancierte. Ich gehörte zu den zehn bis fünfzehn Studenten, die es in Eschenburgs Seminar zog. Tübingen hatte damals insgesamt gerade mal 2400 Studenten. Ich erinnere mich gerne an den Lehrer Eschenburg. Er war eine unnachahmliche Mischung aus hanseatischer Würde und Steifheit und kritisch ermunternder Lässigkeit. Und er sagte S-teifheit statt Schteifheit, weil er, mitten im Herzen Schwabens, über den s-pitzen S-tein s-tolperte, während hier der gegenteilige Trend sich im Dialekt und im Honoratioren-Schwäbisch (der offiziellen Hochsprache) austobte. Sprach Eschenburg von Staat, so redeten seine Schüler und Kollegen von Würschten und fragten ihren Nachbarn: »Weischt du das auch?« Ein weißer Rabe.

Damals tobte an der Uni der Kampf gegen die farbentragenden und schlagenden Verbindungen, aber Eschenburg hatte unter seinem graugelockten Haar im Gesicht unverkennbar Schmisse. Schmisse? Oder Folgen eines Unfalls, wie wir angesichts seiner lässig großzügigen Liberalität mutmaßten.

Egal – er war einer der wenigen Professoren, die mit uns abends in die Kneipen gingen. Er war sehr groß, schlank und schlaksig, paffte fast ununterbrochen aus einer Pfeife, und sein Gesicht war so vergnügt und voller Spott verkniffen, dass man das auf Schwäbisch auch hätte »knitz« nennen können, was so viel wie lustig, listig, schlau, witzig und überlegen heißt. Dabei sah er gleichzeitig mürrisch aus, ohne es je zu sein.

Der ehemalige Sekretär des legendären Außenministers Gustav Stresemann lehrte handfest, unakademisch. Er hatte es nicht nötig, seine Lebenserfahrung und Intelligenz, sein Denken hinter hochgestochenen akademischen Phrasen zu verstecken. Es war erfrischend.

Ich erinnere mich noch an ein Seminar, es muss Anfang 1953 gewesen sein, als Eschenburg Verfassungsgebote und Verfassungsverbote erläuterte und uns dabei ausführlich erklärte, dass der Staat wohlweislich nur das unter Verbot stellen könnte, was er auch zu kontrollieren imstande und in der Lage sei. Der Wille allein genüge nicht, der Staat drohe sich sonst nur zu blamieren. Bei der Blamage setze er seine Autorität aufs Spiel.

Eschenburg machte eine Pause und sah uns, seine Studenten, an. »Oder haben Sie je in einem Schwimmbad am Beckenrand das Schild gesehen: ›Ins Wasser pinkeln verboten‹?«

Mit **Konrad Adenauer** am Gartenzaun

Tübingen lag in der ehemaligen französischen Besatzungszone, es waren die fünfziger Jahre, und ich studierte dort deutsche und englische Literatur. Wir rauchten Gauloises und Gitanes, hörten Georges Brassens und sahen uns im Programmkino die »Kinder des Olymp« an. Es gab in Tübingen aber auch ein Amerika-Haus, aus dem damals die Bücher Dashiell Hammetts entfernt wurden: Es war die McCarthy-Zeit.

Ich wurde als Tutor des Asta nach Bad Godesberg geschickt, wo amerikanische Fulbright-Stipendiaten auf ihr Jahr in Deutschland vorbereitet wurden. Ich sollte sie in deutschen Sitten und Gebräuchen für Tübingen instruieren. Ein Student, der später nach Tübingen kam, um bei einer deutschen Familie zu leben, hatte mich noch im Vorbereitungskurs in Bad Godesberg gefragt, ob er für seine Gastgeberfamilie besser Blumen oder Konfekt mitbringen solle. Ich hatte ihm zu Blumen geraten. Doch dann sagte er zu seiner Gastgeberin bei der Begrüßung (ich wäre, als Tutor und Augenzeuge, dabei am liebsten vor Scham in den Boden versunken): »Wie ick höre, rieckst du besser als du schmeckst!«

Konrad Adenauer war damals Bundeskanzler, zum zweiten Mal gewählt, ein Kanzler mit einer robusten eisernen Mehrheit. Man erzählte sich, mitten in der deutschen Restauration, gern einen Witz: Wie Adenauer beim Papst in Rom auf Audienz war, und wie die Putzfrau des Papstes, als sie aus Versehen die Türe öffnete, hörte, wie der Papst zu Adenauer sagte: »Aber Herr Bundeskanzler, ich bin doch schon katholisch.« So beflissen waren wir Deutsche damals.

Als ich und andere Tutoren den amerikanischen Stipendiaten in diesem Wochenkurs in Bad Godesberg also deutsche Sitten und Gebräuche nahe zu bringen versuchten, tauchte an einem Abend in fröhlicher demokratischer Bierlaune die Frage auf: Warum sollte die Gruppe der Studenten aus New York, Texas, Berkeley und Los Angeles, die ich instruierte und mit denen ich abends Bier trank, nicht den alten Kanzler der jungen Bundesrepublik von Angesicht zu Angesicht stehen? Bad Honnef war von Bad Godesberg nur einen Katzensprung entfernt. Ich sollte das doch einmal probieren. Ich rief also am nächsten Morgen, natürlich mit Hilfe der Fulbright-Organisation, im

Kanzleramt an: Ob wir den Kanzler in seiner Villa, wo er bekanntlich, wenn er nicht in Bonn regierte, Rosen züchtete, besuchen dürften. Nicht im Haus bei Kaffee und Kuchen, versteht sich. Sondern am Gartenzaun. Als Zaungäste, als Spalier, bevor er ins Auto einsteigen würde. Zum Beispiel, wenn er früh morgens zur Arbeit nach Bonn abgeholt werde. Das Bundeskanzleramt war sehr kooperativ. Immerhin handelte es sich um Amerikaner, die damals noch die wahren Herren Westdeutschlands waren und vom Petersberg aus Deutschland regierten (nachzulesen in Wolfgang Koeppens Roman »Treibhaus«).

Wir durften also früh an den Gartenzaun mit den Rosenhecken und wurden – selig unschuldige Zeiten! – vorher weder personell erfasst, noch auf Waffen gefilzt und kontrolliert. Wir standen einfach am Morgen, fröstelnd und erwartungsfroh, an der Gartentür vor der Adenauer-Villa und warteten, dass er rauskäme und uns begrüßte, bevor er in seinen Mercedes stiege, um nach Bonn zum Regieren zu fahren.

Der Kanzler kam, er war groß, hager, hatte einen leichten hellen Mantel an und trug über seinem faltigen Indianergesicht einen steifen Hut. Ich durfte ihm kurz erklären, was er schon wusste: weshalb wir da wären. Und er begrüßte die amerikanischen Studentinnen und Studenten, indem er ihnen auf Rheinisch zurief: »Studieren Sie, meine Damen und Herren, gut! Lernen Sie Deutschland kennen!« Einige Studenten schossen Fotos, der

Kanzler stieg ins Auto, wir winkten, es war eine zivile, private, fast beiläufige Szene. Dann wurde der Kanzler mit seinem Mercedes nach Bonn gebracht. Ich bin nicht einmal sicher, ob ein Polizeiwagen vorausfuhr.

Wie ich meinem Chef **Josef Eberle** einmal den Spaß verdarb

Als ich 1959 zur »Stuttgarter Zeitung« kam, zunächst als Volontär, der für 700 Mark im Monat ziemlich bald unter der streng-wohlwollenden Aufsicht des damaligen »Kritikerpapstes« Siegfried Melchinger auch schon Theaterkritiken schreiben durfte (zunächst über Boulevard-Komödien oder Gastspiele, bei denen es auch meist lustig zuging), als ich also die ersten Male über die Kunstanstrengungen anderer auf vorher ausgezählten Zeilen herfallen konnte, um gedruckt Recht zu behalten, war Josef Eberle Herausgeber und Alleinherrscher der Zeitung, die im »Tagblatt«-Turm ihre Redaktion und ihren Verlag hatte und im Hof die Rotation, die Nacht für Nacht 120.000 Exemplare ausspuckte. Für mich, als Fünfundzwanzigjährigen, der am späten Abend seinen ersten eigenen Artikel druckfrisch aus der Rotationsmaschine in den Händen hielt, ein gewaltiger Vorgang – ein, glücklicher Weise nur Minuten währender, Machtrausch: Ich habe dem Schauspieler X gesagt und es ihm hingeschrieben, wie er vor der Rolle des Gärtners versagt hatte, ja versagt!

Josef Eberle war einer der Lizenzträger der ersten Stunde; er hatte während der Nazi-Zeit zu seiner jüdischen Frau und zu seinen demokratischen Gesinnungen gestanden und auf eine Schriftsteller-Karriere verzichtet.

Der kleine weißhaarige Sechzigjährige war ein großartiger und leidenschaftlicher Konferenz-Debattierer, der verschwiemelte Artikel als »Galimathias« beschimpfte, er war ein Freund von Theodor Heuss und Gerhard Storz (dem Kultusminister) und einer der Männer, deren beherztem Politikverständnis es die alte Bundesrepublik verdankte, dass neben den drei Verfassungssäulen eine aufgeklärte Presse als vierte Macht die Rechtsstaatlichkeit garantierte. Im damaligen Feuilleton zitterten übrigens mindestens zwei ältere Kollegen, dass ihre »Jud-Süß-Kritiken« wieder zum Vorschein kämen, einer stolperte tatsächlich Jahre später über seine. Und Melchinger, ein strenger gradliniger Schwabe, der in Wien als Dramaturg Theatercharme gelernt hatte, gehörte nicht dazu: Er hatte nichts zu fürchten und trat deshalb auch Eberle unerschrocken entgegen.

Eines Abends also sitze ich im Schauspielhaus, damals noch in der Kleinen Königstraße in einer Gastspielaufführung, ich glaube des Berliner Renaissance-Theaters. Man spielte Ostrowski, eine seiner gesellschaftskritischen Satiren, »Tolles Geld«. Auf der Bühne herrschte Jubel, Trubel, Heiterkeit, neben mir saßen mein Herausgeber Josef Eberle und seine Frau; sie lachte Tränen, er schlug sich vor Vergnügen buchstäblich auf die Schenkel.

Ich saß wie versteinert, denn mir gefiel die Aufführung überhaupt nicht. Mit Melchingers strengen Maßstäben im Hinterkopf meinte ich, dass man (auf der Bühne) ernst, ja um sein Leben spielen müsse, um (auf den Zuschauer) wirklich komisch und befreiend wirken zu können.

In der Pause ging Frau Eberle schnurstracks auf die Toilette, er blieb bei mir stehen, und ich redete um mein Leben, mindestens aber um meine Rezension, indem ich seiner geäußerten Begeisterung heftig widersprach und wie wild Beispiele und Argumente anführte. Das ging die ganze Pause so, und am Schluss hatte ich ihn überzeugt. Ihn, aber nicht seine Frau, die ja auf dem Klo gewesen war und so meinen kritischen Schwall nicht mitbekommen hatte.

Es klingelte, wir mussten zurück in den Zuschauerraum. Eberle setzte sich, dann kam seine Frau, setzte sich neben ihn, und es wurde dunkel. Die Schauspieler begannen zu spielen, das Publikum begann zu lachen, nur Josef Eberle neben mir blieb stumm wie ich. Und als seine Frau, die von meiner Überzeugungsarbeit noch nichts wusste, auf einmal losprustete, stieß sie ihr Mann mit dem

Ellbogen in die Seite und raunte ihr etwas zu. Wahrscheinlich vermittelte er ihr meine Miesepetrigkeit im Schnellkurs. Von da an haben die beiden nicht mehr gelacht und das bis zum Schluss.

Ich war der Spielverderber und weiß seither, Kritiker sind auch Spielverderber. Dabei glaube ich noch heute, dass ich Recht hatte, aber das hilft mir nichts.

Wie **Heinz Baumann** und ich verhaftet wurden

Immer, wenn ich nach Oldenburg komme – aber das passiert in Wahrheit sehr selten –, fällt mir der Schauspieler Heinz Baumann ein, denn er hat mir mal erzählt, dass er in Oldenburg geboren wurde. Ein Kerl wie ein Riese, der, als ich ihn kennen lernte, gerne nach der Theatervorstellung vor eins, zwei drei oder auch vier, fünf Glas Wein saß, über das Theater und die Schauspielerei philosophierte, während sich die Frauen, die in seiner Nähe saßen, die Augen aus dem Kopf stierten, in den Nachtlokalen der Stuttgarter Altstadt rund um das Gustav-Siegle-Haus. Diese etwas (für die sauberen schwäbischen Verhältnisse) schmuddelige Altstadt ist längst abgerissen und den überdimensionierten Verkehrsstraßen gewichen, die inzwischen Stuttgart zerschneiden.

Kennen gelernt habe ich Baumann, den die

Kollegen Heini Baumann nannten und dessen schlaksige Zurückhaltung offenbar Frauen zur Raserei brachte, kennen gelernt habe ich Baumann aber in Stuttgart, einen Tag, nachdem ich Dramaturg am Stuttgarter Theater geworden war, wo er engagiert war und seine Liebe zum Heilbronner Rotwein (Trollinger wie Lemberger sowie Trollinger mit Lemberger) entdeckt hatte, mit dem er sich im Laufe einer Nacht nach der Theatervorstellung in eine wunderbare Klarheit soff – um von anderen Trinkabenden zu erzählen und deren Hellsicht.

Wir hatten also an meinem ersten Tag als Dramaturg in dem Lokal über der Tankstelle hinter dem Theater gegessen, vom Theater erzählt und gefeiert. Und gegen zwei Uhr nachts waren Baumann und ich übrig geblieben. Und die wunderschöne junge Johanna Thimig, aus der berühmten Wiener Schauspieler-Dynastie der Thimigs. Und während sie zu ihm zärtlich aufblickte – er war wie gesagt groß und schlaksig –, diskutierte er mit mir über das moderne Theater. Es war Anfang der sechziger Jahre, und wir zogen in den Schlossgarten, der sich vom Zentrum bis nach Cannstadt zog und der zur Bundesgartenschau wunderbar hergerichtet worden war.

Nachts war er damals eingegittert und abgesperrt. Wir mussten über ein Tor klettern und haben die schöne Johanna Thimig ritterlich über das Gitter gehievt und sind dann (vom Hauptbahnhof hatten wir uns noch ein Bier mitgenommen, jeder eins, auch Johanna Thimig) spazieren gegangen und haben die Probleme der Liebe, des Theaters und der Welt gelöst, wir waren keine Dreißig und Johanna Thimig knapp über Zwanzig.

Irgendwann standen wir dann im dunklen Park vor einem Polizei-Notrufmelder, und da es spät war und unsere Flaschen leer, haben wir den Notruf betätigt. Und Heinz Baumann mit seiner markanten Stimme und ich haben bei der Polizei ein Bier bestellt und dass sie es uns mit dem Streifenwagen bringen sollten. Selbstverständlich auf unsre Rechnung. Dann haben wir gewartet.

Als die Polizei mit Tatü-Tata-Tatü-Tata nach fast einer halben Stunde ankam, haben wir, es war früher Morgen, überlegt, ob es lustiger wäre, wenn wir zugeben würden, wir hätten das Bier bestellt. Oder ob es witziger wäre, wir würden es abstreiten. Wir waren ohnehin mutterseelenallein im Park, weit und breit kein Mensch, und wir waren inzwischen auch wieder etwas nüchterner als bei unserer idiotisch schülerhaften Bierbestellung. Also fanden wir es lustiger, die Bierbestellung per Notruf nachträglich abzuleugnen. Wohl auch, weil wir feiger geworden waren, in der Zwischenzeit. Und so wurden wir, Johanna Thimig, Heinz Baumann und ich, mit Tatü-Tata aus dem verschlossenen Schlossgarten zur Polizeiwache gebracht und dort festgehalten, nachdem man unsere Personalien aufgenommen hatte.

Nach etwa einer Stunde wurden wir freigelassen. Das Aufnahmegerät bei der Polizei hatte versagt und unsere Stimmen nicht aufgezeichnet, so dass man nichts gegen uns in der Hand hatte. Am nächsten Morgen, als ich auf die verflossene Nacht einigermaßen nüchtern zurückblickte, war ich doch froh, dass alles für mich an meinem ersten Amtstag als Chefdramaturg des Württembergischen Staatstheaters so einigermaßen glimpflich abgelaufen war.

Heinz »Heini« Baumann spielte dann bei Rudolf Noelte den »Snob« und den Baron Tusenbach in den »Drei Schwestern«. (Noelte hatte den hässlichen Unglücksvogel, der im Duell fällt, mit Baumann schön, männlich und strahlend besetzt.) Und vor allem auch den George in »Wer hat Angst von Virginia Woolf?«. Er war auch ein bestechend schmieriger und charmant schlaksiger Eisenring in Max Frischs »Biedermann und die Brandstifter«.

Wir haben damals viel zusammen gearbeitet und gefeiert, und dann ging ich zur »Stuttgarter Zeitung« zurück, und Heinz Baumann ging an die Münchner Kammerspiele. Und eines Tages traf ich ihn in München in der »Kulisse«, und er erzählte mir eine Geschichte; wie er nämlich – fast – eine Vorstellung habe ausfallen lassen.

Also: Heinz Baumann saß in einer Kneipe und es war 5 Uhr nachmittags oder 5 Uhr 30. Und Baumann hatte mit ein paar Freunden oder Kollegen oder Menschen, die man beim Trinken auf einmal für Freunde und Kollegen hält, gezecht, Rotwein höchstwahrscheinlich, der schwer und wohlig die Kehle hinuntergerieselt war. Und ein oder zwei junge schöne Frauen, die Baumann anhimmelten, hatten wahrscheinlich auch dabeigesesssen. Und da sei es ihm, Baumann, auf einmal eingefallen, dass er ja heute um 19 Uhr, also in knapp eineinhalb Stunden, Vorstellung hätte. Eine Vorstellung, in der er eine Hauptrolle spielte. Und mitten im Suff hätte er klarsichtig erschrocken gewusst: Ich kann heute nicht spielen. So wie ich jetzt bin, kann ich nicht auftreten. Mein Gott! Ich habe vergessen, dass ich heute Vorstellung habe! Was mach ich bloß!

Baumann wusste, dass, wenn die Vorstellung durch seine Schuld ausfallen müsste, eine fürchterliche Konventionalstrafe auf ihn zukommen würde. Zehntausend Mark und mehr für die entgangenen Einnahmen. Und dass er riskierte, fristlos gekündigt zu werden. (Den großartigen Hans Mahnke, den alle in Stuttgart liebten und verehrten, hatte es einst so bei Gründgens am Hamburger Schauspielhaus erwischt. Weshalb er in Stuttgart war.)

Mein Gott, was mach ich nur!, dachte Baumann wieder und wieder, zahlte dann, bestellte ein Taxi und ließ sich zum Englischen Garten fahren. Dort rannte er in seiner halb ernüchternden Verzweiflung immer wieder mit voller Wucht gegen einen dicken Baum, den Kopf nach vorn als Rammbock, bis er blutend zusammenbrach. So wurde er gefunden, von der Polizei in ein Krankenhaus gefahren und dort notbehandelt.

Kurz nach sieben traf er, mit dick verbundenem Kopf und einem ärztlichen Bericht in der Tasche, mit dem Taxi bei den Kammerspielen ein, meldete sich bei dem Abend-Dienst-Habenden und erzählte, er sei – man könne es ja sehen und ein ärztliches Attest habe er auch – im Englischen Garten überfallen und niedergeschlagen worden. Er sei nicht schuld, dass er nicht rechtzeitig zur Vorstellung gekommen sei.

Der Abendregisseur habe ihn mitleidig und gleichzeitig verständnislos angesehen, erzählte mir Baumann. Das alles sei zwar traurig und schön und gut, für das Theater aber ohne Belang. Denn, so der Abendregisseur, das wisse er, Baumann, doch, er habe ja heute überhaupt keine Vorstellung.

»Stell dir vor«, sagte Heinz Baumann zu mir und prostete mir mit einem Glas Rotwein zu, »ich hatte die Tage verwechselt. Ich hatte frei.« Und dann sagte er, was er immer zu solchen Geschichten sagte, nämlich, während er schmerzlich grinste: »Dämon Alkenhol!« (Er sagte, wie um den Feind zu verharmlosen: Alkenhol.) Und fügte hinzu: »Genau wie damals mit Johanna Thimig im Schlossgarten. Genauso! Nur umgekehrt!«

Wie ich mit **Rolf Hochhuth** über eine Aufführung des »Stellvertreters« verhandelte

Im Sommer 1962, kurz vor den Theaterferien, schickte mir der Rowohlt Theaterverlag mit einem bedeutungsvollen Revers, den ich zu unterschreiben hatte – »Geheim! Geheim!« »Wichtig! Wichtig!« – das Typoskript eines Theaterstücks. Ich war Chefdramaturg der Württembergischen Staatstheater in Stuttgart, wobei die Vorsilbe »Chef« bedeutete, dass ich für die drei Sparten des Theaters (Schauspiel, Oper, Ballett) arbeitete. Im Fall der Oper kümmerte sich der Generalintendant Walter Erich Schäfer selber um den Laden. Ich suchte Programmheftbeiträge aus und saß in den Generalproben, machte nach den Proben in Gesprächen mit John Cranko oder den Opernregisseuren ein paar kritische Anregungen, das war's!

Im Schauspiel aber war ich zuständig und war vor allem mit dem Spielplan, der Stückauswahl, der Suche nach den Regisseuren, der Besetzung und der dramaturgischen Bearbeitung beschäftigt. Da also lag ein Stück auf meinem Tisch, das »Der Stellvertreter« hieß und von Rolf Hochhuth war. Den Namen hatte ich nie gehört, und als ich mich kundig machte, erfuhr ich, dass Hochhuth, der aus Kassel stammte, Lektor bei Bertelsmann in Gütersloh war und dort eine schöne Wilhelm-Busch-Ausgabe betreut und herausgebracht hatte. Das Hochhuth-Stück war über 200 Seiten dick, hatte Bühnenanweisungen, die unausführbar waren (es sei denn, wir hätten den Vatikan auf unserer Bühne nachgebaut wie in Hollywood und die Figuren innere Monologe über ihre Historie und ihren Charakter sprechen lassen), und Szenenanweisungen, die langatmige Essays voller Bosheit und Pathos über die historischen Figuren waren. Der Text selbst holperte in einer Art Blankvers daher, es war, als hätte sich der Autor an zu viel Schiller besoffen und strotzte vor Bildungshuberei, wodurch er vom Hundertsten ins Tausendste, vom Hölzchen aufs Stöckchen kam.

Ich hätte, ein ungeduldiger junger Mensch (und, wie ich jetzt zugeben muss, ziemlich theaterblind), das Stück, wäre es nicht mit dem Etikett der subversiven Wichtigkeit versehen gewesen, dem Autor sofort zurückgeschickt, vielleicht sogar mit einem Vordruckbrief und mit dem geheimen Vorbehalt, hier sei ein begabter, aber eifernder Dilettant am Werk. Wie Recht man haben kann und wie schrecklich Unrecht zur gleichen Zeit! Denn natürlich weiß ich inzwischen, dass Hochhuth der wichtigste und wahrscheinlich mutigste Autor seiner Zeit war. Nun versendeten damals, während der »Stellvertreter« auf meinem Schreibtisch lag, die Buschtrommeln in der Theaterszene laute Signale: Das deutsche Theater erwarte eine Sensation und einen Skandal, der große Erwin Piscator werde die Uraufführung an der Freien Volksbühne in Berlin inszenieren und Dieter Borsche (damals ein Leinwandheld) würde den Papst spielen, und so reihte ich mich bei Rowohlt auf Verdacht in die Liste der Aufführungsbewerber ein und las und las. Den »Stellvertreter«. Von Rolf Hochhuth.

Die damaligen deutschen Theater waren auf Kunst und Politik aus. Die Kunst bestand vorwiegend in der Aneignung der brechtschen Theaterarbeit, des expressiven Theaterstils Kortners und des psychologischen Realismus eines Genauigkeitsfanatikers wie Rudolf Noelte. Die Politik bestand darin, sich mit der Nazi-Zeit auseinander zu setzen und den als DDR-Parteigänger verpönten Brecht auf westdeutschen Bühnen zu etablieren. Das war auch eine oppositionell trotzige Haltung, an der wir im liberalen Stuttgart insofern Teil hatten, als wir den Brecht-Schüler Peter Palitzsch erst als Hausregisseur gewannen und dann zum Schauspieldirektor kürten. Palitzsch übrigens schüttelte sich, als ich ihn fragte, ob er den »Stellvertreter« inszenieren wolle. Das war ihm denn doch zu weit von Brecht weg.

Bei der gründlichen Hochhuth-Lektüre waren zwar meine Zweifel an den Sprachholpereien und der Abstraktheit der Figuren nicht geringer geworden, ich spürte aber die Kraft und den eifernden idealistischen Impetus, die gerechte Wut, die Hochhuth beflügelt hatte. Ich ging zu Schäfer und erzählte ihm von meinem Hin- und Hergerissensein. Dann führte ich das übliche weiche Dramaturgen-Argument an: Da kommen wir, fürchte ich, nicht drum herum!

Schäfer, ein großer alter Mann (er hatte selbst ein Stück über den deutschen Widerstand geschrieben) mit einem hochempfindlichen Sprachgefühl, war stark kurzsichtig, fast blind. Er hatte sich das Stück schon vorlesen lassen und jammerte laut über die Sprache: Ja, wenn Martin Walser sich des Themas angenommen hätte, der verfüge über Sprache, aber so ... Ich gab nach, weil ich Schäfer im Grunde genommen Recht gab. Auch ich war auf Kunst und auf Brecht aus, und außerdem war Hochhuth weder ein Schiller noch ein Tschechow. Das schon gar nicht.

Inzwischen rückte die Berliner Premiere des »Stellvertreters« (der 20. Februar 1963) näher, viele Bühnen hatten sich in die Aufführungsrechte-Reihe eingegliedert, manche mussten auf Druck ihrer Stadtväter bereits wieder von der Aufführung zurücktreten, es wurde immer deutlicher, dass das Theater hier auf dem Wege war, einen politischen Stellvertreterkrieg zu führen, indem es den stillschweigenden Konsens der Adenauer-Restauration aufkündigte: Die katholische Kirche stand auf einmal im Rampenlicht einer theatralischen Anklage. Der Papst war nicht der Gegner von Hitler gewesen, sondern, schlimmstenfalls, sein Handlanger und Komplize, bestenfalls der stillschweigende Tolerierer. (Inzwischen, durch neueste Dokumente, steht der Papst wieder in anderem Lichte da.)

Diesen politischen Sprengsatz bemerkte natürlich auch mein Intendant und so bat er mich, noch am Abend nach der Berliner Uraufführung ein Gespräch mit Hochhuth und dem Rowohlt Verlag zu suchen, um noch einen günstigen Platz in der Aufführungsschlange zu bekommen – ein Run auf das Stück hatte eingesetzt.

Ich lernte Hochhuth kennen, der im Siegestaumel der Premieren-Nacht (ein einmaliger Welterfolg kündigte sich an, eine Wende der Theater-Szene) angenehm und bescheiden blieb: ein Eiferer in der Sache, ein Mann von angenehmen Umgangsformen dazu, geschäftstüchtig und bestimmt, gleichzeitig äußerst tolerant im Nehmen von Gegenargumenten und Vorwürfen. Bei der ersten Begegnung war ich erschrocken: Ich wusste nicht, dass Hochhuth unter einer halbseitigen Gesichtslähmung litt und hatte nur den Eindruck, in ein hochmütig preußisches Antlitz zu blicken, wie es Monokel-Trägern eigen ist. Und wie ich es auf Karikaturen von George Grosz unzählige Male gesehen hatte. Das Gesicht der arroganten Macht! Hochhuth aber war alles andere als arrogant. Natürlich bekamen wir als große Bühne eine zeitlich günstige Aufführungsoption.

Als ich spät in der Nacht in mein Berliner Hotel zurückkam, lag da eine Nachricht von Walter Erich Schäfer. Ich hätte doch hoffentlich noch nicht abgeschlossen, es gäbe einige Probleme, ich sollte am nächsten Morgen zurückrufen. Als ich Schäfer um acht Uhr morgens (er war ein Frühaufsteher, der oft mit der Straßenbahn ins Theater fuhr) anrief, sagte er mir, der Beirat habe Einwände erhoben. Es sei doch nicht wünschenswert, wenn sich das Theater derart mit der Kirche anlege, Ministerpräsident Kiesinger habe natürlich gesagt, dass das Theater allein zu entscheiden habe, das sei selbstverständlich, aber ... Schäfer hat mir das »Aber« später erläutert: Er, der seiner Oper und seinem Ballett gerne Glanzlichter aufsteckte, war oft auf die mäzenatische Gunst der Freunde der Oper angewiesen, hier ein Tänzer, da eine Sängerin, dort ein Dirigent ... Am Telefon sagte er mir, dass es nicht dafür stünde, wo wir doch beide, er und ich, die sprachliche Dürftigkeit des Stücks beklagt hätten ...

Ich erinnere mich nicht, ob ich damals gleich verstanden hatte, dass ich Zeuge eines beginnenden Erosionsprozesses der etablierten Bundesrepublik war, dass ich einen signifikanten Augenblick davon erwischt hatte. Ich war wahrscheinlich zuerst wegen der Blamage gekränkt, dass ich Hochhuth und Rowohlt wieder absagen musste. Dass ich Ende der Spielzeit beim Theater kündigte, hatte andere Gründe, jedenfalls vorwiegend.

Aber so viel muss ich Hochhuth, über all die vorhandenen und mangelnden Qualitäten seiner Stücke hinaus, gutschreiben. Er hat damals das Theater in Deutschland auch als eine journalistische und politische Bühne etabliert, die Debatten dort in Gang setzte, wo andere Instanzen sie tabuisierend verschweigen wollten. Das werden ihm seine Bewunderer nicht vergessen, das sollten ihm auch seine Kritiker anrechnen, wenn er sich im Berliner Sommer am BE, das er sich listig erschlichen und erkauft hat, immer wieder den Tort der Selbstbeweihräucherungen antut.

Mit **Ernst Bloch** im Theater

Im Jahr 1961 zog der sechsundsiebzigjährige Philosoph Ernst Bloch aus Leipzig, wo er das geistige Zentrum der marxistischen Philosophie verkörpert hatte (die DDR hatte mit dem unbequemen Schöpfer einer diesseitigen Utopie als Aushängeschild ihrer geistigen Freiheit renommiert, zähneknirschend, so lange es irgend ging), in den Westen, nach Tübingen. Freunde wie der Tübinger Rhetorik-Professor Walter Jens hatten den Umzug ermöglicht. Bloch hatte wenige Jahre zuvor noch den Nationalpreis der DDR erhalten und galt doch in der SED- und Ulbricht-Republik als unbequemer Querdenker; mit Bloch also zog der utopische Sozialismus aus dem Stalinismus in den Westen. Wir alle buchstabierten damals das »Prinzip Hoffnung« mit drei berühmten Eingangssätzen Blochs (die zwar nicht das »Prinzip Hoffnung« eröffneten, aber es am prägnantesten charakterisierten): »Ich bin. Aber ich habe mich nicht. Also werden wir noch!« Vom freigeborenen, später fremdbestimmten Ich zum hoffnungsfrohen kollektiven Wir! Welch eine Hoffnung, welch eine Chance.

1963 war ich am Stuttgarter Staatstheater (offiziell: die Württembergischen Staatstheater) Dramaturg und hatte Rudolf Noelte gewinnen können, den »Snob« von Carl Sternheim in Stuttgart zu inszenieren, mit Heinz Baumann, Immy Schell, Hans Mahnke und Mila Kopp – eine später legendäre, hoch besetzte Aufführung, die den wilhelminischen Spießer mitsamt seiner darwinistischen Gefährlichkeit und Lächerlichkeit auf die Bühne brachte.

Ich lud Ernst Bloch und seine Frau zu einer Aufführung ein, der Hochgeehrte kam. Anschließend war ich mit ihm zum Essen verabredet: Dafür lohnt sich das Arbeiten, dachte ich, damals neunundzwanzig Jahre alt. Bloch, ein imponierender Patriarch mit dicken Brillengläsern und schlohweißem Haar, das ihm direkt in die Stirn wuchs, hielt sich nicht lange mit der Aufführung auf, die ihm gefallen hatte. Er war, während er Pfeife rauchte, die er immer wieder bearbeitete, ansteckte, schmauchte, ein glänzend kurzweiliger, weitschweifiger Geschichtenerzähler. Ich erinnere mich, wie er von einem Prager Schneider erzählte, der in einer Fachzeitung vor 1914 Artikel gegen den Zaren veröffentlicht hatte: Die wird er sich nicht hinter den Spiegel stecken, sagte der Schneider stolz. Und wie besagter Schneider nach Ausbruch des Weltkriegs 1914 geschrieben habe, der Krieg würde nur noch wenige Wochen dauern. Alle Bekannten hätten ihn ausgelacht. Aber, so Bloch in einer dialektischen Volte, 1916 spätestens sei allen das Lachen vergangen: Dieser Krieg hätte in der Tat keine Jahre dauern dürfen, dann hätte er Europa nicht so endgültig zerstört. Ich hörte fasziniert zu, während Bloch eine Parallele vom Prager Schneider zu Karl Marx zog. Auch Marx habe im »18. Brumaire« vorausgesagt, die Weltrevolution würde beginnen, wenn Frankreich sie einläuten würde. Alle hätten gelacht, als die Revolution in St. Petersburg 1917 in Russland begonnen habe. Aber, so Bloch (und dabei sah er mich zwischen zwei Zügen an der Pfeife unwiderstehlich listig und lustig durch seine dicken Brillengläser an), habe Marx nicht Recht behalten? Sei das, was in Petersburg stattgefunden habe, nicht wirklich nur ein Aufstand in einem rückständigen Land gewesen? Und warteten wir nicht noch immer auf die »wahre Revolution«?

Frau Bloch erinnerte sich an die Tagung der »Gruppe 47« in Saulgau. Dort habe Peter Weiss seinen später weltberühmten »Marat/de Sade« vorgelesen, ja vorgetrommelt. Ich erinnerte mich auch. Und Frau Bloch schwärmte maliziös von Professor Hans Mayer, der wie Bloch in Leipzig gelehrt und wie Bloch nach Tübingen übersiedelt war. »Er ist ja so gescheit, so eloquent«, schwärmte

Frau Bloch boshaft. Obwohl er während der Peter-Weiss-Lesung gar nicht im Saal gewesen sei, habe er in der anschließenden Diskussion doch das Meiste und das Klügste über das Stück von Peter Weiss gesagt!

Bloch sah seine Frau anerkennend und prüfend an, schmauchte an seiner Pfeife und nickte dann stumm.

Wie ich **Helmut Griem** nach einer Prügelei wiedersah

Die Theaterhelden meiner Jugend hießen Rolf Henninger (er spielte mit wirksam gepresster Stimme die Klassiker rauf und runter), Sebastian Fischer (der mir klarmachte, was, im »Wallenstein«, das »Los des Schönen« auf der Welt war). Maximilian Schell (der den Hamlet hätte spielen können, wenn er ihn hätte spielen können), Jürgen Wussow (der nicht blond war, aber blond spielte), Helmut Griem (der aussah wie ein deutscher Ritterkreuzträger und Widerstandskämpfer in einem), Helmut Lohner und Klaus Maria Brandauer (sie setzten der deutschen Eckigkeit eine österreichische Geschmeidigkeit entgegen). Und es gab noch den Elegiker Bruno Ganz, wie geschaffen für einen Prinzen von Homburg, einen Tasso, einen Hamlet …

1963 war ich dabei, vom Theater wieder zur Kritik zu wechseln, zurück von den Württembergischen Staatstheatern zur »Stuttgarter Zeitung«. Ich war keine Dreißig und muss offensichtlich noch wesentlich jünger ausgesehen haben, denn als ich als Stuttgarter Dramaturg eines Nachmittags ins Kino wollte, wo Ingmar Bergmans Skandalfilm »Das Schweigen« lief, bei dem der schwedische Pastorensohn Gottsuche und Selbstbefriedigung, Qual und Liebe auf das Innigste verzwirbelte, hatte ich keinen Ausweis bei mir. Und so wurde ich nicht ins Kino gelassen. Ich war gekränkt. Hatte ich nicht als Dramaturg Edward Albees Skandal- und Erfolgsstück »Wer hat Angst vor Virginia Woolf?« ans pietistisch-württembergische Land gezogen und saß Tag für Tag mit dem Regisseur da, um den Text von allzu großen sexuellen Vulgaritäten zu reinigen, wie das damals noch üblich war. Man war zwar mutig-provokativ. Aber auch wieder nicht zu sehr.

Ich fuhr eines Nachmittags mit dem Zug von Stuttgart nach Darmstadt, wo beim »Darmstädter Echo« Georg »Schorsch« Hensel Kritiker war (später der Theaterpapst der FAZ) und Gerhard F. Hering Intendant. Hering hatte einen großen Ruf, weil er in der Nazi-Zeit eine Kölner Kunstausstellung von Nazi-Kunst (Breker etc.) durch reine Beschreibung ad absurdum geführt hatte, ohne dass ihm jemand was anhaben konnte. Als Intendant gehörte er zu der Gruppe der Belesenen, literarisch Gebildeten, Theoretischen. Daneben gab es die dampfenden Krafttiere, Rampensäue, Theaterpraktiker, Strieses – alle, die immer sagten, dass »der Lappen hochgehen müsse«, egal, was passiert. Und, als neue Gruppe, die blau rasierten Brechtianer in den neuen Mönchskutten des Theaters, schmallippige Theaterarbeiter, die den kanonisierten Brecht im Schlaf zitieren konnten und von »Modell-Inszenierungen« sprachen.

In Darmstadt hatte an diesem Abend Hans Bauer, der damals Ende Fünfzig war, Federico García Lorcas »Donna Rosita bleibt ledig« inszeniert. Der spanische Lyriker, rätselhaft übersetzt und rätselhaft zu spielen, war damals etwas, was schön zwischen Traumpoesie und Kunstgewerbe hin- und herschwankte. Bauer war Außenseiter und Einzelgänger, streitsüchtig und trinkfest, von seinen Schauspielern vergöttert, eine faszinierende Regie-Figur am Rande: Das »poetische Theater« war eine ausklingende Mode.

Hering hatte mich mit zur Premierenfeier an einen Tisch bei einem »Chinesen« geladen, damals das In-Lokal in dem gepflegten Darmstadt, wo es den Jugendstil gab und Karl Krolow und die Akademie für Sprache und Dichtung. Darmstadt war das Erlesenste, was an deutscher Theaterprovinz existierte.

An dem Abend wurde trotzdem viel getrunken, und am späten Abend kam ein schöner Blondling mit einer schönen Frau und setzte sich dazu. Und als ich, sicher schon etwas angetrunken, mich mit dem schwermütigen Bauer anlegte (oder er sich mit mir), mischte sich der blonde junge Mann, zackiger Typ – blonde Bestie, dachte ich voll (Sexual)-Neid –, ein. Irgendwann, es war schon sehr spät, hatte er mich hinausgebeten, und wir haben uns auf der Toilette ein wenig geprügelt, nicht schlimm, bloß so. Ich dachte, wer ist dieser Affe, der sich für Bauer so ins Zeug legt und auch noch eine so hübsche Begleiterin hat, dieser Freizeit-Typ? Er dachte, wer ist dieser Theaterideologe, und so ging ich nach Hause ins Hotel, schlief am nächsten Morgen im Zug weiter.

Als ich kurz vor Stuttgart aufwachte, sagte eine Dame, die vielleicht fünfundfünfzig war, dass sie, wäre sie meine Mutter, mir schon eine runtergehauen hätte, wie ich so derangiert geschnarcht hätte. Und überhaupt. Und was ich die Nacht zuvor getrieben hätte, unrasiert wie ich sei. Ich war damals, wie gesagt, sehr jung, beziehungsweise sah schrecklich jung aus.

Ein paar Wochen später, ich war schon wieder Kritiker bei der Zeitung, fuhr ich zu den Ruhrfestspielen, wo Willi Schmidt Schillers »Kabale und Liebe« in Recklinghausen inszeniert hatte. Das Gewerkschafts-Festival mit seinem Nachkriegsruf – hier hätten Kumpel Kohle für Kunst geliefert – hatte damals einen hohen Stellenwert. Willi Schmidt, als sein eigener Bühnenbildner zärtlich spöttisch »Leisten-Willi« genannt, weil er ein Meister der strengen Form war, stellte so etwas wie die klassische Fehling-Gründgens-Tradition des deutschen Theaters dar, wichtig, wenn auch nicht ganz so dämonisch wie Noelte, ein großer Theatermann der deutschen Tradition.

Als der Ferdinand auftrat, erschrak ich: War das nicht der Beau und Streithammel, mit dem ich mich kürzlich in Darmstadt auf dem Klo gestritten und geprügelt hatte? Ja, er war es. Es war Helmut Griem, den ich zum ersten Mal auf der Bühne sah, noch dazu in einer präzisen, schauspielerisch ausgezeichnet durchgearbeiteten Aufführung, die bewegend, eindrucksvoll war.

Mein Gott, dachte ich, so kann man andere verkennen. Und ich schrieb eine äußerst lobende Kritik über diese Aufführung und beschrieb das Spiel von Helmut Griem mit großer Bewunderung und Zuneigung.

Später wurden wir einander vorgestellt. Wir erinnerten uns an den alkoholisierten Streit in Darmstadt. Griem war mir von da an sehr gewogen. Er habe, so sagte er, bewundert, wie ich über meinen Schatten gesprungen sei, als ich ihn als Ferdinand wiedersah.

Aber, ehrlich gesagt, was wäre mir anderes übrig geblieben?

Als mich **Rudolf Noelte** eindringlich durch die Brille ansah

In Stuttgart sah ich 1960 im Schauspielhaus in der Kleinen Königstraße Carl Sternheims Komödie »Die Kassette«, eine Tournee-Theater-Aufführung. Theo Lingen spielte den Oberlehrer, dem seine Tante vorgaukelt, sie würde ihm ihre Aktien (in der titelgebenden »Kassette« aufbewahrt) vererben. Er dürfe sie schon mal zählen, registrieren. Der arme Lehrer sitzt gierig nächtelang über den Papieren, vernachlässigt Weib und Tochter und verfällt dem Geldgier-Wahn – nur der Zuschauer dieser boshaften wilhelminischen Komödie weiß, dass »Tantchen« den Lehrer längst enterbt hat: aus bösem Liebesgram wahrscheinlich.

Die Aufführung hatte Rudolf Noelte inszeniert, und die Spießersatire hat mich in ihrer ätzenden Genauigkeit so beeindruckt, dass ich mir sämtliche Stücke von Sternheim besorgte (eine Werkausgabe existierte damals noch nicht), um ein Buch darüber zu schreiben.

Ein paar Jahre später, ich war inzwischen Dramaturg der Württembergischen Staatstheater in Stuttgart, deren Schauspielbühne ins neu wieder aufgebaute Kleine Haus im Schlossgarten umgezogen war. Es war Frühjahr, und ich traf mich im sonnendurchfluteten Park an dem künstlichen See mit Enten und spielenden Kindern mit Rudolf Noelte, um mit ihm die ersten Gespräche über eine Sternheim-Inszenierung zu führen. Er war im weißen Sportwagen gekommen. Er sollte den »Snob« in Stuttgart machen. Noelte galt als »schwierig«; der große Regisseur, Antipode des anderen richtungsweisenden Theatermanns der fünfziger und sechziger, Fritz Kortner, war ein kompromissloser, überpenibler Arbeiter, höflich und korrekt in den Umgangsformen (er »doktorte« mich stets bei der Arbeit). Stieß er auf wirkliche oder vermeintliche Schlamperei, auf Schlendrian, wurde er schroff und unnachgiebig. Er sah stets beamtenhaft korrekt, wenn auch elegant gekleidet aus, eher nach Ministerium als nach Bühne. Nur der leidend sinnliche Mund und die verwundbar wachen Augen verrieten seine Übersensibilität.

Bei der Bauprobe zum »Snob« war der Bühnenbildner Jürgen Rose nicht pünktlich aus München gekommen, so dass Noelte, auf der leeren Bühne stehend, zu mir sagte: »Ich hoffe, er ist tot. Eine andere Entschuldigung für sein Fernbleiben akzeptiere ich nicht.«

Zu Beginn unserer Zusammenarbeit schlenderten wir scheinbar plaudernd durch den Schlossgarten, während wir in Wahrheit zum ersten Mal über die Möglichkeiten einer Besetzung sprachen. Noelte war da, das wusste ich, unerbittlich; er arbeitete nur mit Schauspielern, von denen er sich das erwartete Optimum der Rollenerfüllung versprach. Mein Eingangsproblem bei dieser Plauderei war, eine Kortner-Inszenierung von »Kabale und Liebe« nicht zu begeistert zu loben, die ich, wie Noelte wusste, in der Woche zuvor in München gesehen hatte. »Wie war's?«, fragte Noelte, ich wollte nicht lügen und druckste also herum, dass es mir »doch« und »eigentlich« gefallen habe. Noelte sagte: »Aber bei Kortner grimassieren doch die Schauspieler so grässlich und fuchteln so fürchterlich mit den Armen.«

Später kam seine junge Frau Cordula Trantow (damals ein junger Filmstar, berühmt durch Bernhard Wickis »Brücke«) mit einem Foxterrier hüpfend über den Rasen, und Noelte begrüßte die beiden mit einem gut gelaunten »Wer kommt denn da?!«. Wir hatten uns mittlerweile über die Besetzung des »Snob« weitgehend geeinigt.

Ein Jahr danach. Der »Snob« war längst ein Riesenerfolg, zum Theatertreffen eingeladen, und Noelte hatte ihn (in Stuttgart spielte ihn Heinz Baumann) mit Boy Gobert in Berlin als Reprise inszeniert. Wieder schlenderten wir an einem schönen Maimorgen durch den Schlossgarten und führten erste Gespräche über die Besetzung des Tschechow-Stücks »Drei Schwestern«. Wir sprachen über die Besetzung Werschinins, des schwadronierenden, schwermütigen, unglücklich verheirateten Garnisonskommandanten, Maschas unglücklicher Liebe. Noelte wollte für die Rolle als Gast Malte Jäger haben.

Ich sah Noelte erstaunt an und blieb stehen. »Aber«, sagte ich, »Malte Jäger ist zweiundsechzig Jahre alt und Werschinin Mitte vierzig. Der ist doch zu alt für diese Rolle.« Noelte blieb ebenfalls stehen und blickte mich eindringlich durch seine Brille an. »Genau deshalb«, sagte er. »Ein Mann, der zu Tschechows Zeiten, also um die Jahrhundertwende, Mitte vierzig war, muss heute mit einem älteren Mann besetzt werden, besonders im Fall des vor dem Leben längst resignierenden Werschinin. Damals alterten die Menschen viel schneller.« Ich pflichtete Noelte nach kurzem Überlegen bei. Er hatte vollkommen Recht.

Dann sah ich Noelte an, und mir fiel ein, dass er Mitte vierzig war. Und dass er eigentlich wie Anfang sechzig aussah.

Inzwischen ist dieser große Theatermann der Welt in einer Krankenanstalt abhanden gekommen. Nichts, abgesehen von seinen Leiden, erreicht ihn mehr.

Wie ich mit **Qualtinger** auf die österreichische Gemütlichkeit prosten sollte

In den sechziger Jahren war die »Alte Post« das gediegendste, solideste, angesehenste Stuttgarter Restaurant. Nahe beim Schlossplatz gelegen, hatte es kleine anheimelnde Wirtsstuben in einem alten, geduckten, über den Krieg hinaus stehen gebliebenen Haus. Oben, über eine schmale Stiege zu erreichen, gab's einen kleinen Raum für geschlossene Gesellschaften: Da tagten einmal in der Woche Journalisten wie Friedrich Sieburg, Thaddeus Troll, Siegfried Melchinger und der damalige Kultusminister Gerhard Storz. In früheren Jahren hatten auch der hessische Justizminister Bauer (der den Auschwitz-Prozess initiiert hatte) oder auch der Bundespräsident Theodor Heuss an diesen Stammtischen teilgenommen, bei denen man »ein Viertele schlotzte« und einen schwäbischen Rostbraten und vom Brett geschabte Spätzle aß.

1963 oder 1964 war Helmut Qualtinger, der kolossale, kolosshafte Wiener Kabarettist, Schauspieler und grandiose Rezitator auf Tournee. Er hatte 1961 den »Herrn Karl« (zusammen mit Carl Merz) geschrieben und verkörperte ihn in vielen Lesungen, auf vielen Tourneen. Der »Herr Karl«, das war der fleischgewordene Wiener Opportunist, ein selbstgerechter Hausmeistertyp, voll von unheimlicher, ja bestialischer Gemütlichkeit, der zeigte, wie Österreich die Nazi-Zeit unbeschadet, unbeschädigt überstanden hatte: Ein Täter im Stande der Unschuld.

Qualtinger hatte die Figur mit böser Beobachtungsgabe dem österreichischen Alltag abgelauscht: Eine Gestalt, die von Nestroy, Karl Kraus und Ödön von Horváth stammte – und in der wir heute unschwer die Vorläufer der Haider-Stammwähler erkennen können. Mit ihrer auftrumpfenden »Mir san mir«-Gesinnung und ihrem breit grinsenden historischen Unschuldsgefühl: »Nicht alles war schlecht damals.« »Anschluss«-Täter als »Heim ins Reich!«-Opfer.

Qualtinger also war auf Deutschland-Tournee – sein »Herr Karl« wurde angegiftet und bejubelt, ich hatte gerade eine Titelgeschichte über ihn in »Theater heute« geschrieben, und er gastierte an diesem Abend in Stuttgart, wo am Theater ein junger Wiener Schauspieler, Nikolaus Haenel, spielte, der ein enger Freund und glühender Bewunderer Qualtingers war, den er, wie alle Vertrauten und Freunde, »Quasi« nannte und nennen durfte. Später, nach Quasis frühem Tod – er starb, woran sonst?, an der Leber –, spielte Haenel erfolgreich den Herrn Karl. Im Unterschied zu Qualtinger war er eher zart und dünn. Aber er konnte die Rolle ähnlich bestialisch gemütvoll spielen. Beide kannten ihre Wiener, beide trugen sie in sich.

Qualtinger war auch privat von einer schrecklichen Gemütlichkeit, ein Mann mit feinen, nervösen, dunklen Augen, die in einem schweißglänzenden Trumm von einem Schädel saßen. Auffallend waren die winzig zarten Ohren (»Ohrwascheln«, hätte meine Mutter gesagt), die rosig und feinziseliert eng an dem gewaltigen Kopf saßen, auffallend war auch, dass Qualtinger sich ungeheuer schlechte Zähne und gewaltige Zahnlücken leistete. Dafür war keine Zeit, vielleicht hatte der unerschrockene Mann auch Angst vor dem Zahnarzt.

Er wirkte, trotz seiner Schwere, leicht, hatte eine zarte modulationsfähige Stimme, konnte auf der Bühne (ein glänzender Schauspieler) schwebend tänzeln und war ein gewaltiger Trinker, der sich dann luzide der dumpfen Natur des von ihm durchschauten Österreichers näherte – ein Fall von Hass-Liebe und Selbsterkenntnis.

Wir, Nikolaus Haenel und ich, haben also in Stuttgart das Gastspiel des »Herrn Karl« besucht. Und gingen zu dritt in die »Alte Post«, wo es nur noch kaltes Essen gab: angemachten Handkäs', Presssack in Essig und Öl mit Zwiebeln. Es wurde spät, wir saßen zu dritt ein einem Tisch, an einem größeren Tisch saß eine Herrenrunde, acht, vielleicht auch zehn, zwölf Männer gesetzten Alters. Ein Kellner bediente, Frauen waren nicht anwesend. Qualtinger, der wie gesagt, ein begnadeter Parodist war, äffte und machte Deutsche wie Österreicher, »Piefkes« wie Ottakringer nach (wer hören will, was er alles kann, sollte sich seine Aufnahmen der »Letzten Tage der Menschheit« von Karl Kraus oder seine Villon-Gedichte in der Übertragung von H. C. Artmann anhören).

Der Ober sprach Hochdeutsch, und wenn er uns unterwürfig den »vorzüchlichen Käse« empfahl, sagte Qualtinger mit herablassender Parodie: »Na dann bringen se uns den vorzüchlichen Käse!« Er äffte den Norddeutschen nach. Die Männer am Nebentisch fühlten sich veralbert, nachgemacht, obwohl sie selbst allesamt oder mehrheitlich Schwäbisch sprachen, machten sie abfällige aggressive Bemerkungen über Qualtinger. Der Ober stürzte zu ihnen und machte sie flüsternd darauf aufmerksam, dass das doch der berühmte Helmut Qualtinger, sagte er, der »vorzüchliche« Qualtinger! Sie hörten also schlagartig auf, sich über uns zu mokieren. Sie wurden erst ruhig, steckten dann tuschelnd die Köpfe zusammen, und kurz darauf brachte der Ober uns drei Schnapsgläser mit einem Edelkirsch- oder Birnenschnaps. Und schon prosteten uns die Männer, denen der Ober auf ihre Bestellung hin auch Edelkirsch oder Birnenschnaps gebracht hatte, zu. »Prost!« »Zum Wohl!« »Auf die österreichische Gemütlichkeit!« Qualtinger sah die Herren stumm an, die erwartungsvoll, ein Glas hochgehoben in der Hand, zu uns herüberblickten. Er aber stieß sein Glas (»Stamperl«, wie es in Wien geheißen hätte) um, so dass der Schnaps über das weiße Tischtuch floss. »Mir san aber gar nicht gemütlich«, sagte er. Es wurde sehr still, und ich war froh, dass wir gleich darauf gingen. Es hatte seine Tücken, mit Herrn Karl einen Abend zu verbringen.

Wie ich die junge **Liv Ullmann** zu spät kennen lernte

Mitte der sechziger Jahre war Kurt Hübner Intendant in Bremen und produzierte dort mit seinen Mitarbeitern und Schauspielern, die er aus Ulm mitgebracht hatte, »Deutschlands heißestes Theater« – so ein Werbeslogan, der alle Berechtigung auf Erden hatte. Denn in Bremen inszenierten Peter Stein und Peter Zadek, Peter Palitzsch und Rainer Werner Fassbinder, es spielten Edith Clever und Jutta Lampe, beide kapriziös, jung und fragil-schön. Bruno Ganz, Otto Sander und Peter Fitz, alle drei später Protagonisten der Berliner »Schaubühne am Halleschen Ufer«, probierten hier die Erneuerung des deutschen Theaters. Ihre Theaterunternehmungen, die in Zadeks frühen Shakespeare-Inszenierungen, in Fassbinders »Bremer Freiheit« und vor allem in Peter Steins »Tasso«, einer Klassiker-Zertrümmerung im Geist von Achtundsechzig und neuer Erlesenheit gipfelten, machten Epoche. Die Zeitschrift »Theater heute« verschrieb sich dem Bremer Stil mit vorbehaltloser Begeisterung und wurde deshalb von säuerlich konservativen, neidischen Theaterleuten als »Bremen heute« verspottet.

Es war eine bewegte Zeit, Kurt Hübner, der Intendant, war ein so glänzender Theaterorganisator und Menschenfänger, dass man ihm gern verzieh, wenn er selbst ein ziemlich mediokrer Regisseur und ein striesehafter Schauspieler war: fast so etwas wie ein Schmierenkomödiant in dem von ihm glänzend inspirierten Avantgarde-Theater: Die Spitze des damaligen deutschen Theaters, das seinerseits, lang, lang ist's her, als Weltspitze galt.

Im September 1964 probte Peter Palitzsch in Bremen Brechts Hitler-Persiflage und Faschismus-Lehrstück »Arturo Ui«. Da ich zu der Zeit mit dem großen, asketisch schlanken Palitzsch (der sich stets schwarz kleidete, um seine Schlankheit zu unterstreichen und der stets wie ein Chinese lächelte) auch in Stuttgart zusammen arbeitete, besuchte ich die Generalprobe und Premiere in Bremen. Palitzsch, der nach dem Mauerbau im Westen geblieben war (in den Augen seiner ehemaligen Freunde am Berliner Ensemble ein Verräter und Überläufer zum Klassenfeind), fand die Rechtfertigung seiner Rolle als begehrter Regisseur im Westen vor allem dadurch, dass er seine Theaterarbeit als Kampf gegen den aufkeimenden westdeutschen Faschismus empfand – um mit Brecht zu sprechen: »Der Schoß ist fruchtbar noch, aus dem das kroch.«

Auch den »Ui« in Bremen wollte er dazu verwenden, dem drohenden Faschismus entgegenzutreten. Zu meinem Bedauern ist mir entfallen, warum der Neofaschismus im September 1964 so besonders bedrohlich war, und was ihn so bekämpfens-notwendig machte, aber Palitzsch wird schon seine Gründe gehabt haben und hatte jedenfalls nach der Generalprobe beschlossen, am Ende der Aufführung den Eisernen Vorhang herunterzulassen; die Schauspieler sollten keinen Beifall entgegennehmen; dazu, so Palitzsch, sei die Situation einfach zu ernst. Also Theater ja, Verbeugungen der Schauspieler im Applaus, nein.

Ich war mit Zadek und anderen Theaterleuten, die zu der Premiere angereist waren, in der Villa des Intendanten, als die Kunde eintraf, dass Palitzsch die Premiere sehr puritanisch beenden wollte. Kurt Hübner, der zwar auch, selbstverständlich!, für politisches Theater war, aber daneben vor allem ein Theater-Vollblütler, griff zum Hörer, argumentierte erst geduldig mit Palitzsch und schrie dann ungeduldig: »Es gibt Vorhänge und Beifall! Schluss! Basta!« Und so war es dann auch. Palitzsch hatte am anderen Ende der Leitung offenbar trotzig und betreten geschwiegen, sich schließlich dem Intendanten aber wohl gebeugt.

Die Hauptrolle des »Ui« spielte ein norwegischer Schauspieler, Thoralv Maurstad. Palitzsch hatte ihn aus Oslo, wo er damals regelmäßig als

Gast inszenierte, voller Begeisterung mitgebracht. Die Begeisterung war berechtigt, leider aber sprach Maurstad ein mechanisch papageienhaft erlerntes Deutsch, das kaum zu verstehen war – bei Brecht und »Arturo Ui« ein gewisses Handicap.

Monate später, bei einem Besetzungsgespräch in Stuttgart, schlug mir Palitzsch eine wunderbare norwegische Schauspielerin vor – sie sei einfach fabelhaft. »Nein!«, rief ich, »nein!«, denn ich hatte die Erfahrungen mit Maurstad noch im Ohr. Das war 1964.

1966 sah ich den Ingmar-Bergman-Film »Persona«. Und in dem Film die enorm weibliche, überwältigend sinnliche, umwerfend vitale Schauspielerin Liv Ullmann, die damals siebenundzwanzig Jahre alt war und die in der privaten und künstlerischen Liaison mit Bergman zum Weltstar avancieren sollte. Ich blickte im Film ihren lachenden Mund an, die sinnlichen Lippen, die Kraft der blitzenden Augen. Mir wurde auf einmal siedend heiß: Liv Ullmann! Das war die junge norwegische Schauspielerin, die Palitzsch mir für Stuttgart empfohlen hatte.

Zu spät! Als deutscher Liv-Ullmann-Entdecker kam ich nicht mehr in Betracht.

Wie ich **John Cranko** einen Baum fällen ließ

In Stuttgart, dort, wo im Oberen Schlossgarten das neue, Anfang der sechziger Jahre erbaute, »Kleine Haus« (das Schauspielhaus der Württembergischen Staatstheater) steht, kreuzen sich zwei Wege. Der eine heißt »Walter-Erich-Schäfer-Weg«, der andere »John-Cranko-Weg«, auf beiden stehen Lebensdaten, die des Generalintendanten Schäfer reichen von 1901 bis 1981, die des Ballettdirektors John Cranko von 1927 bis 1973. Zwei Jahre lang, als die beiden gemeinsam am Stuttgarter Theaterwunder werkelten, war ich als Chefdramaturg dabei.

Ich erinnere mich noch an die frühen sechziger Jahre, als die Spannbrücke über die Schillerstraße mit ihrem dröhnenden Durchgangsverkehr zwischen Oberem Schlossgarten und Mittlerem Schlossgarten gebaut wurde, auf der man, natürlich bis heute, jeden Schritt als leises Erbeben der Brücke spürt. An den Kunstsee vor dem schönen alten, erhalten gebliebenen Opernhaus erinnere ich mich, wo auf Treppen begeisterte Väter für ihre Kinder die ferngesteuerten Boote kreuzen ließen. An die Schule neben dem »Kleinen Haus«, wo man in den Pausen den wunderbar kreischigen Lärm des Schulhofs hörte, balgende Jungs und kichernde Mädchen sah.

An das damals neue Schlossgarten-Hotel muss ich denken, das mir unvorstellbar modern und unvorstellbar hoch mit seinen acht Stockwerken vorkam und dass ich dort die ersten Artischocken gegessen habe (als Jury-Mitglied einer Foto-Ausstellung) und die Blätter auszupfen lernte und in die buttrige Hollandaise tunken. Und wie ich vormittags auf einem der Zimmer war mit der viel jüngeren Frau eines viel älteren Bekannten, und wie ich erschrocken war, als sie mir erzählte, dass ihr Mann in jüngeren Jahren Amateurboxer gewesen sei, im Verein und ziemlich erfolgreich und daher seine breite Nase …

In meinem Büro konnte ich allerdings nicht auf den Schlossgarten, den Kunstteich und das Schlossgarten-Hotel schauen, sondern auf einen düsteren Hinterhof aus grauem Beton, und neben meinem Büro war die Garderobe des ehemaligen Schauspieldirektors Günter Lüders, dem ein Finger fehlte, der die Aussprache und die blanken Augen eines Lübeckers hatte und der an Abenden, bevor er auf der Bühne stand, in seiner Garderobe gurgelte und minutenlang »Rrrr« machte und »Brrr«, um sich die Kehle für seine Auftritte glatt und geläufig zu machen.

Das Stuttgarter Theater machte damals nicht viel Wesens von sich und umso mehr her. Hier spielten Mila Kopp und Edith Heerdegen. Hans Mahnke und Heinz Baumann oder die junge Hannelore Hoger. An der Oper probte Wieland Wagner mit der jungen Anja Silja (mit der ich bei dem Fahrlehrer Horlacher gemeinsam Fahrstunden für den Führerschein absolvierte und ihre langen Beine wie ihren Berliner Jargon bewunderte). Frau Gertrud Wagner saß in den Proben und meckerte Wieland und Anja an. Wolfgang Windgassen probte den »Tristan« und wechselte Stand- und Spielbein. Karlheinz Böhm inszenierte die »Salome« und sein Vater, Karl Böhm, dirigierte. Und einmal in der Woche ging ich abends in die Oper in eine Reportoire-Vorstellung, wo ich Fritz Wunderlich hörte, der entweder den Tamino sang oder den Belmonte. Der größte Mozart-Tenor, der da abwechselnd mit Josef Traxl die »Zauberflöte« oder die »Entführung« sang, stürzte kurz darauf in einem Jagdhaus von der Treppe und brach sich das Genick.

Und dann war da noch, wie gesagt, John Cranko, der fröhlich, quicklebendig, ein bisschen wie ein übermütiger Fußballfan aussah und ein knallrotes Gesicht hatte, das noch in der größten Anstrengung und Anspannung lustig aussah, mit blitzenden Knopfaugen; ein genialer Clown mit ansteckender Kraft und Fröhlichkeit. Er war gerade dabei, das aufzubauen, was man später das »Stuttgarter Ballettwunder« nennen sollte. Und ich erinnere mich noch, wie sein Intendant den Stuttgarter Theaterbeirat, der sich paritätisch aus Landesvertretern und Vertretern der Stadt zusammensetzte, davon überzeugen musste, dass auch ein Homosexueller Ballettdirektor werden dürfe. Wenn ich mich recht erinnere, hat er mit Tschaikowski argumentiert! (Mein Vorgänger als Chefdramaturg, Dr. R., war noch, mit falschem Schnurrbart, dicker Hornbrille und Schlapphut verkleidet, durch den Hauptbahnhof geschlichen, zur »Tarnung« lebte er mit einer Frau zusammen und erpresserische Anrufe erreichten noch mich als seinen Nachfolger, als er schon über ein Jahr weg war.) In die gemeinsame Kantine von Oper und Ballett hatten Opernsänger ein damals gängiges Werbeplakat an die Wand geklebt. Es ging um Heizungen und auf dem Plakat stand: »Ein Dänzer wärmt den ganzen Raum.« Jemand hatte mit Filzstift das D durchgestrichen und durch ein T ersetzt: »Ein Tänzer wärmt den ganzen Raum.« Dröhnendes Gelächter der Opernkomparsen.

Eines Morgens also probte Cranko für die Stuttgarter Ballettwochen Tschaikowskis »Dornröschen« auf der großen Opernbühne. Walter Erich Schäfer, der Intendant, und ich saßen schon im Zuschauerraum, als das Bühnenbild aufgebaut und ausgeleuchtet wurde. Wald-Prospekte grün, blaue Wolken, Rosenhecken, die Bühne leer, hinten das weite romantische Panorama.

Schäfer, der Brillen mit flaschendicken Gläsern hatte, hinter denen seine Augen wie die eines freundlichen Frosches blinkten, sah auf die leere Bühne und stieß mich mit dem Ellbogen in die Seite: Ob mich denn der Baum, der da mitten auf der Bühne stehe, nicht auch störe. Er sagte es flüsternd, leise. Ich starrte auf die Bühne; da war kein Baum. Weit und breit nicht. Ich wusste wie jeder hier im Haus, dass Schäfer, der die feinsten Ohren für Stimmen, Klänge, literarische Texte hatte, fast blind war. Sein wunderbares Theaterreich regierte er mit dem Ohr, seiner einmaligen Intuition und seiner Theater-Chuzpe. 1930 übrigens hatte der junge Autor Schäfer den Kleist-Preis zugesprochen bekommen.

Ob mich der Baum störe? Ich starrte ins Nichts. In dem Moment betrat Cranko mit seinem Assistenten, dem Bühnenbildner und dessen Mitarbeitern die Bühne. Schäfer stuppste mich wieder in die Seite. Ich solle doch zu Cranko hochgehen und fragen, ob der Baum nicht besser entfernt würde. »Ganget Sie doch hoch zu John«, sagte Schäfer. »Und saget Sie ihm, i find', der Baum stört.«

Ich stand auf und ging von der Seite auf die Bühne. Ich wünschte Cranko, seinem Assistenten, dem Bühnenbildner und dessen Assistenten einen »Guten Morgen!« Wir fragten einander, wie es uns gehe und bestätigten uns, dass es uns gut gehe. Dann ging ich wieder herunter in den abgedunkelten Zuschauerraum.

»Haben Sie es ihm gesagt?«, fragte Schäfer und ich sagte ihm, dass ich es Cranko gesagt habe. »Der Baum kommt weg?«, fragte Schäfer. »Der Baum kommt weg!«, sagte ich.

Am nächsten Morgen saßen wir wieder in der Probe. Die Bühne leer, so leer wie am Vortag. Mein Intendant stieß mich in die Seite, diesmal anerkennend. »Isch des so net viel besser, ohne den Baum?«, fragte Schäfer zufrieden. »Viel besser!«, sagte ich. Und nach und nach bevölkerte sich die Bühne und füllte sich der Orchestergraben, und die Probe begann.

In den Biografien von Cranko steht, dass er 1973 nach Rückkehr von einer sechswöchigen Gastspielreise aus den USA im 46. Lebensjahr in Dublin »einem Herzversagen erlag«. Die Wahrheit ist, dass er im Flugzeug erstickte, als ihm ein Teil seines Essens im Halse stecken blieb. Walter Erich Schäfer, der jeden Tag seiner Amtszeit von Stuttgart-Sonnenberg aus mit der Straßenbahn die Weinsteige hinunter in den Stuttgarter Kessel zum Theater zwischen dem Schlossgarten und der Adenauer-Allee fuhr, die Aktentasche unter den Arm geklemmt, starb 1981 im Alter von achtzig Jahren.

Wie mir **Josef Eberle** lateinische Gedichte vorlas

Josef Eberle war Herausgeber der »Stuttgarter Zeitung«, in deren Feuilleton ich 1960 eintrat. Die »Stuttgarter Zeitung« arbeitete damals noch im »Tagblatt«-Turm, gegenüber war das Karstadt-Kaufhaus in einem wunderbaren schwerelosen Mendelsohn-Bau (der an die Schaubühne am Lehniner Platz erinnerte), der bald zuungunsten des Einheits-Kaufhaustyps à la Eiermann eingerissen und wieder aufgebaut wurde. Jahrelang hörten wir die Dampframmen und Presslufthämmer, und als die Ruhe wieder da war – das Feuilleton arbeitete im 12. Stock –, war auch die Kaufhausschönheit hin, stattdessen gab es jetzt die silberfarbenen Lamellen deutscher Wirtschaftswunder-Kaufhäuser. Gott sei Dank stand der »Tagblatt«-Turm unter Denkmalschutz. Nur sein ächzend klappernder Paternoster musste einem Lift weichen.

Josef Eberle war einer jener Lizenzträger, die sozusagen über Nacht zu Zeitungsmillionären avanciert waren, weil sie politisch unbescholten, weiße Raben also, die Nazi-Zeit überlebt hatten und von den amerikanischen Besatzern die Zeitungslizenz übertragen bekommen hatten. Es konnte keinen besseren als Eberle treffen. Der weißhaarige kleine Herr, ein temperamentvoller Lockenkopf Anfang der Sechzig, war als junger Mann Buchhändler in Tübingen gewesen, hatte in derselben Buchhandlung wie Hermann Hesse gelernt, nämlich bei Heckenhauer (das Traditionshaus ist längst eingegangen) und darüber gedichtet: »Hier war ich Stift, hier war ich jung, in Heckenhauers Buchhandlung.«

Überhaupt war er als witziger Mundartdichter unter dem Pseudonym Sebastian Blau vor 1933 bekannt und geschätzt, dann aber in Ungnade gefallen: Nicht nur, weil er ein liberaler Autor und frecher Satiriker, sondern weil er mit einer Jüdin verheiratet war und auch nach 1933 zu seiner Frau stand, deren Leben er auf diese Weise rettete – und seine Karriere damit automatisch ruinierte. Jedenfalls bis 1945.

Jetzt machte er eine liberale Zeitung, engagierte mit großem Geschick und Gespür Redakteure, holte Emigranten und Weggfährten zurück, liebte und hätschelte sein Feuilleton, als dessen Chef er Siegfried Melchinger geholt hatte. Mindestens zwei seiner führenden Kulturredakteure, der Kunstkritiker B. und der Filmkritiker G. zitterten tagtäglich, dass sie wegen ihrer »Jud-Süß«-Rezension in der Nazi-Zeit auffliegen könnten: Einen, den Filmkritiker, hat es Ende der sechziger Jahre tatsächlich erwischt. Der andere, der Kunstkritiker, ein lauter, zartfühlender Berliner, wurde durch den Tod von seiner ständigen Angst erlöst, seine Nazi-Schreibsünden könnten an den Tag kommen. Melchinger selbst war ein starker Feuilletonchef, weil er ein gutes Gewissen haben konnte.

Eberle war mit der schwäbischen Honoratioren-Elite befreundet: mit Gerhard Storz, dem Kultusminister, mit Reinhold Maier, dem späteren Ministerpräsidenten und FDP-Chef. Die FDP in Baden-Württemberg hieß DVP und bestand aus »Ebbes Bäcker – ebbes Doktor«. Auch Theodor Heuss, weißhaarig wie Eberle, gehörte zu diesem Kreis, und ich erinnere mich noch, wie Maier und Heuss zu Gast im »Tagblatt«-Turm Rotwein aus Vierteles-Gläsern getrunken haben, die lange, weiße Serviette lag als Flaschenzug um ihren Hals, der eine Zipfel mit dem Glas in der Rechten, der andere als Zugwinde in der Linken: So ließ sich das Glas zum Mund hochführen, ohne dass die Hand der alten Herren, Urbilder schwäbischer Honoratioren, dabei zitterte. Ich war damals sechsundzwanzig.

Es gab eine hervorragende Kantine mit schwäbischer Küche, und ich erinnere mich, dass ich einmal, als es saure Kutteln gab, ein schwäbisches Leib- und Magengericht, vor dem es mich damals (ich war, wie gesagt, jung) schüttelte, die Kantine mied und in ein nahe gelegenes italienisches Restaurant ging, es hieß »Vesuvio«, also, dass ich daraufhin einen Brief von Eberle bekam, wo ich um eine Stellungnahme zu der Verweigerung des Kuttelessens gebeten wurde. Es war dann nicht so schlimm, und Eberle erklärte mir nur, dass die Küche mit festen Esserzahlen kalkulieren müsse. Immer, wenn ich seitdem im Elsaß oder in Rom oder auch im Badischen Kutteln bestelle, weiß ich, was ich damals versäumt habe.

Eberle als Herausgeber dichtete nicht mehr in schwäbischer Mundart, sondern schrieb Verse, sowohl in klassischem Latein wie auch im Küchenlatein, die er mir, meist während der Umbruchszeit, unbedingt in seinem Turmzimmer vorlesen musste; weil ich Doktor war und in Tübingen studiert hatte, hielt er mich für den idealen Zuhörer (nachdem Siegfried Melchinger, Oliver Storz, Rolf Michaelis nicht mehr greifbar waren und Friedrich Hommel, Sohn eines Tübinger Graecisten, zur FAZ gegangen war). Ich saß wie auf Nadeln, aber nur weil Umbruch war, und ich hätte arbeiten müssen, aber ich musste keine Angst haben, als Lateiner zu versagen, denn Eberle übersetzte mir seine Verse Zeile für Zeile, indem er mich auf Wortspiele und lateinische Finessen aufmerksam machte, etwa auf ein Oxymoron. Oder eine Ellipse. Oder ein Hendiadyoin. Am Samstag, in der Beilage, wurden ab und zu lateinische Gedichte von Eberle veröffentlicht. Das leistete er sich und seinen Lesern. Und die wussten es zu schätzen. Sie fühlten sich geehrt. Auch gerade dann, wenn sie die Gedichte nicht verstanden.

Für seine Verdienste um die römische Kultur war Eberle von der Universität Tübingen auf Vorschlag ihres altphilologischen Instituts mit dem Doktor honoris causa geehrt worden. Wohl auch, weil er mäzenatisch für deren Bibliotheksbestände tätig war. Gegen Ende der sechziger Jahre wurde er nach dem Doktor h. c. auch noch zum Professor h. c. ernannt. Es war ein großer Tag in der Zeitung, und es gab, auf einem Nachmittagsempfang, Wein und Brezeln, die herrlich mit Butter bestrichenen Laugenbrezeln, wie es sie damals nur in Schwaben gab.

Kurz vor dem Empfang hatte mich die Sekretärin des Herausgebers aus ihrem Büro im ersten Stock angerufen, um mir die neuen Verhaltensregeln nahe zu bringen. Sie sagte: »Grüß Gott, Herr Doktor Karasek! Also wegen dem Professor. Also die Frau Professor Eberle möchte nach wie vor Frau Doktor genannt werden. Nur Frau Doktor.«

Wie ich einmal **Giangiacomo Feltrinelli** erzürnte

Wolfdietrich Schnurre war ein typischer Autor der »Gruppe 47«. Der Kriegsheimkehrer-Generation angehörig, lebte er als Film- und Theaterkritiker in Berlin und schrieb Erzählungen, die vom nüchternen Nachkriegston geprägt waren, der Prosa »nach der Stunde Null«. 1920 in Frankfurt geboren, war er aber ein echter Berliner, ein West-Berliner mit Herz, Seele und Schnauze. Seine Frau, die schwer krank war, nahm sich das Leben, indem sie sich aus dem Fenster stürzte. Schnurre verbrachte die letzten Lebensjahre auf dem Lande in Schleswig-Holstein, wo er 1989, eigentlich zu Lebzeiten schon vergessen, starb.

Giangiacomo Feltrinelli, 1926 in Mailand geboren, kam zu dem Berliner Treffen der »Gruppe 47« im Jahr 1965, auch weil seine Frau Inge Feltrinelli eine bravouröse deutsche Fotografin war, die dem deutschen Literaturbetrieb aktiv angehörte. Sie hat nach Feltrinellis Tod 1972 den Verlag in Mailand couragiert und erfolgreich übernommen und viele Jahre geleitet. Feltrinelli, der einer reichen Mailänder Familie entstammte, hatte seinen größten Erfolg mit dem Roman »Doktor Schiwago« von Boris Pasternak. Er verlegte den in der Sowjetunion unterdrückten Autor und vertrat weltweit dessen Rechte. Bekanntlich bekam Pasternak für den »Doktor Schiwago« 1958, mitten im kältesten Kalten Krieg, den Nobelpreis, und in der Folge vergossen Millionen Leser und Kinogänger Tränen über die Liebe und das Bürgerkriegsschicksal Laras. In den bewegten Zeiten nach 1968 schlug sich Feltrinelli auf die Seite der Roten Brigade, ging in den Untergrund und starb bei dem Versuch, einen Hochspannungsmast nahe Mailands zu sprengen, unter nie ganz aufgeklärten Umständen.

Als ich ihn in Berlin kennen lernte, war er eine Art italienisches Pendant zum Suhrkamp-Chef Siegfried Unseld, nur damals noch viel berühmter, von internationalem Flair umgeben: Auch er verlegte, neben großer zeitgenössischer Belletristik, vor allem die sozialrevolutionären Schriften und das theoretische Unterfutter der 68er. Feltrinelli war der Vermittler der Frankfurter Schule in Italien.

Im Berlin des Jahres 1965 wirkte er elegant, weltläufig, italienisch urban, ein Herr von gepflegtestem elegantem Äußeren. Er verstrahlte einen Hauch von intellektueller Dolce Vita unter uns eher hausbackenen Deutschen. Doch all dies bemerkte ich bei den ersten beiden Begegnungen mit ihm, die während Schriftstellerpartys stattfanden, noch nicht.

Ach ja, mit Schnurre hatte der sechs Jahre jüngere Feltrinelli eigentlich, sieht man vom Schnauzbart und der Brille ab, nur wenig Ähnlichkeit. Auf einem Empfang also stand ich, das Glas in der Hand, plötzlich neben Schnurre, den ich nur sehr flüchtig kannte, und sagte: »Guten Abend, Herr Schnurre!«, und dass ich mich freue, ihn zu treffen. Was man eben so sagt, wenn man auf einem Empfang jemanden trifft. Er sah mich nicht sehr freundlich an und sagte: »Ich heiße nicht Schnurre, ich bin Giangiacomo Feltrinelli.« Ich entschuldigte mich wortreich, und er sagte mir, nicht gerade überfreundlich, das könne schon mal passieren.

Als ich die Geschichte ein paar Autoren und Kollegen, die ihn besser kannten und erkannten, erzählte, lachten einige über mein Missgeschick. Und einer sagte: »Wo doch Feltrinelli Schnurre nicht besonders leiden kann!«

Einen Abend und einen Empfang später stand ich dann wirklich vor Wolfdietrich Schnurre, und statt ihn lange zu begrüßen, überfiel ich ihn mit der Mitteilung: »Stellen Sie sich vor, lieber Herr Schnurre, was mir gestern passiert ist. Da treffe ich zum ersten Mal den berühmten Verleger Feltrinelli, und dann sage ich zu ihm: Guten Abend, Herr Schnurre!«

Der Mann mit dem Schnauzer hörte mir zu, blickte mich mit wachsender Unfreundlichkeit an und sagte, mit einem Ausdruck am äußersten Rand beherrschter Höflichkeit: »Ich bin noch immer Giangiacomo Feltrinelli!«

Ich habe beide bei späteren Begegnungen vorsichtshalber nie wieder namentlich angesprochen.

Wie ich **Günter Grass** die deutsche Literatur auf zwei Schultern packte

Im Januar 1966 hatte am Berliner Schillertheater ein Stück von Günter Grass Premiere: »Die Plebejer proben den Aufstand.« Der Titel ist seit dieser Zeit bis zum Überdruss in Zeitungsüberschriften variiert und parodiert worden: Die Angestellten proben den Einstand, die Sportler proben den Handstand, die Gewerkschafter proben den Ausstand, die Mode probt den Anstand, die Schwangeren proben den Umstand … na und so weiter und so fort.

Es war ja auch Grassens erfolgreichstes Theaterstück, das sich mit dem Künstler-Egoismus und der Genie-Eitelkeit des »armen B. B.«, also Brechts, auseinander setzte, der, ausgerechnet am 17. Juni 1953, am Tag des Arbeiteraufstands in der Stalin-Allee, an seinem Berliner Ensemble seine Shakespeare-Bearbeitung des »Coriolan« probt, unter dem Motto: »Wir können Shakespeare ändern, wenn wir Shakespeare ändern können.«

In die Proben – im Stück wird die Revolution des römischen Plebs gegen die Patrizier mit ihrem berühmten Kopf-Bauch-Gleichnis inszeniert – platzt die reale Revolte der Bauarbeiter gegen das von der sowjetischen Besatzung gestützte SED-Regime. Brecht, so das Stück von Grass, hätte die reale Chance, sich mit seinem Theater, damals das berühmteste der Welt, auf die Seite der Lohn fordernden Aufständischen zu schlagen. Er verweigert sich aus Feigheit und Opportunismus, benutzt das reale Geschehen auf der Straße, um seine Theaterarbeit ästhetisch zu unterfüttern, hilft den Arbeitern nicht – weder mit seinem künstlerischen Ruhm noch seiner theatralischen Erfahrung. Er erweist sich als feige. Und er bejammert seine Feigheit mit melancholischen Versen in den Buckower Elegien. Wunderschöne, resignative Gedichte.

Manche goutierten damals das Stück von Grass, Recht hat er! Andere dachten, der hat leicht reden! Jedenfalls gab es neben vielen Aufführungen auch viele Podiumsdiskussionen.

Auch in Mannheim fand im Sommer 1966 am Nationaltheater ein Symposion zu diesem Thema statt, an dem auch Grass und ich teilnahmen. Vormittags war eine Podiumsdiskussion über Brecht und das politische Theater, nachmittags ging es mit Vorträgen weiter, abends war die Mannheimer Premiere der »Plebejer« von Grass.

Grass, der wusste, dass ich mit Martin Walser in Stuttgart als Dramaturg zusammen gearbeitet hatte – es handelte sich um Walsers »Schwarzen Schwan«, ein Stück über die Euthanasie der Nazis, das in Hadamar spielte –, lud mich in der Mittagspause (»Hätten Sie Zeit und Lust?«) nahezu verschwörerisch und abseits von allen anderen auf ein Bier zu zweit in einer Kneipe nahe des Nationaltheaters ein. Damals stand die Veröffentlichung von Walsers Roman »Einhorn« bevor, und Grass dachte, dass ich das bei Suhrkamp erscheinende Buch sicher schon in den Fahnen gelesen hätte.

Der »Blechtrommel«-Autor hatte damals zwei Komplexe und eine Sorge. Die Sorge: Würde ein anderer deutscher Autor mit einem Buch in die Nähe des Erfolgs der »Blechtrommel« kommen? Seine Komplexe: Seine Bücher waren nicht im Edel- und Exklusivverlag Suhrkamp erschienen, sondern »nur« bei Luchterhand. Alles, was Rang und Namen hatte und links war, veröffentlichte damals im Brecht-, im Hesse-, im Bloch-, im Frisch-, im Proust-Verlag. Nur Grass nicht. Und: Er war anders als Enzensberger, Unseld und Walser kein studierter, gar promovierter Literat. Zwar ein Welterfolgsautor, aber kein Doktor. Nicht bei Suhrkamp, ein bildhauernder Rüpel!

Also fragte er mich beim Bier mit besorgt-anteilnehmender Miene, ob ich denn den neuen Anselm-Kristlein-Roman von Walser schon gelesen habe. Als ich die Frage bejahte und er aus meinen folgenden vorsichtigen Erläuterungen (auf seine Frage: »Und?« Wie ist er denn!«) den (richtigen) Schluss zog, dass ihm da keine zweite »Blechtrommel«, noch dazu von Walser, drohte, lehnte sich der stämmige Autor mit dem struppigen schwarzen Haar und dem Markenzeichen-Schnauzer zurück und sagte, nachdem er den kurz auf seiner Miene aufblitzenden Triumph unter Kontrolle gebracht hatte, mit solidarisch mitleidender Miene: »Wenn ich Sie recht verstehe, kein ganz großer Wurf.« Dann machte er eine Pause, sah mich nachdenklich und geschmerzt an und sagte: »Sie glauben gar nicht, lieber Karasek, wie schwer es ist, die ganze Last der deutschen Epik allein auf zwei Schultern stemmen zu müssen!«

Ich schwöre: Das hat er so und nicht anders gesagt.

Es war ein schöner Freitag, am Abend war die Mannheimer Premiere von »Die Plebejer proben den Aufstand«. Bei der Premierenfeier im betonkalten modernen Foyer des Nationaltheaters saßen Grass und ich dann irgendwann in einer Ecke bei einem Glas Wein mit der Schauspielerin zusammen, die die »Friseuse« gespielt hatte – eine junge hübsche Frau, wie es die Rolle verlangt: Sie ist ja bei Grass die fleischgewordene Verkörperung des Delacroix-Gemäldes aus der französischen Revolution: die Tricolore schwenkende junge Heroine auf der Bühne.

Die Schauspielerin war jung und besonders schön durch ihre elegische Traurigkeit, von deren

Grund sie uns bald erzählte. Es war eine Ost-West-Geschichte und doch das Übliche der Liebe. Sie hatte sich während der Proben in einen älteren Schauspieler verliebt (war es der, der den »Chef«, also Brecht spielte?), der aus der DDR stammte und der seine Familie in Dresden hatte zurücklassen müssen. Und, erzählte sie traurig, wir sollten uns das vorstellen: Jetzt habe die Frau und hätten die Kinder ihres Freundes in Dresden eine Ausreisegenehmigung nach dem Westen bekommen. Und sie sei verzweifelt, denn ihr Freund würde, aus Anstand, nicht aus Liebe, zu seiner Familie zurückkehren.

Als ich mit Grass wieder alleine war, entwickelte er eine Idee. Ob ich mit dem Auto da sei? Ich war. Ich hatte damals einen blauen VW-Käfer. Und ob ich Zeit hätte das Wochenende über? Ich hatte. Er, Grass, habe ja bekanntlich keinen Führerschein. Und so wäre es doch schön, wenn wir Samstag und Sonntag nach Pforzheim und Karlsruhe fahren könnten, denn dort würden auch die »Plebejer« gespielt, und da könnten wir uns doch jeweils nach der Vorstellung mit der Friseuse der jeweiligen »Plebejer«-Aufführung verabreden.

Ich fand das eine gute Idee, und so fuhren wir am Samstag nach Karlsruhe. Wieder saß ich am Abend die »Plebejer« ab, wieder saßen wir anschließend mit einer hübschen Friseuse-Darstellerin beim Wein, diesmal in einer wartesaalähnlichen Kneipe, der einzigen, die noch offen war. Nach einem langen Abend blieben ich und die

Friseuse übrig, vor allem, weil sie Grass schon von einem Vorabend kannte. Endlich zu zweit, erzählte sie mir von ihrem Kummer, ihrem Leid. Auch sie liebte einen Kollegen. Er war zwar nicht der »Chef« in der »Plebejer«-Aufführung, aber auch er war verheiratet, hatte Familie. Ich zeigte Verständnis und Mitleid.

Auf die dritte Aufführung des Grass-Stücks am Sonntag in Pforzheim haben Grass und ich dann verzichtet. Ich fuhr mit dem blauen VW zurück nach Stuttgart, Grass flog nach Berlin. Von den Liebesverwicklungen der Pforzheimer Friseuse haben wir nichts erfahren. Sicher war auch sie sehr jung und hübsch, wie es das Rollenfach verlangt.

Wie ich **Peter Handke** mit einem Mädchen verwechselte

1966 fuhr die »Gruppe 47«, die damals beherrschende lose Schriftstellervereinigung um Hans Werner Richter, der einmal im Jahr Autoren zu dreitägigen Lesungen mit anschließender öffentlicher Kritik (Hinrichtung oder Lobpreisung) einlud, in die USA. Die Ivy League University Princeton, mit den Namen Albert Einstein und Thomas Mann verbunden, hatte zum ersten Mal nach Kriegsende deutsche Schriftsteller offiziell in die USA eingeladen.

Die von Hans Werner Richter wie üblich handschriftlich Gebetenen bekamen ein Flugticket nach New York zugeschickt, für die Rückreise durften sie noch einen Abstecherflug zum Ort ihrer Wahl buchen (ich wählte den Tennessee-Williams-Ort New Orleans, wo ich zum ersten Mal touristischen Jazz, alte Herrenhäuser des Südens und auf den Tischen tanzende Topless-Mädchen erlebte, die man mittels eines Dollars in rhythmisch schlängelnde Bewegung setzen konnte. Und subtropische Hitze vor und nach einem subtropischen Gewitter, die mir die Nylonhemden an den Leib klebte).

Nur Günter Grass flog nicht, sondern überquerte (der notorische Nichtautofahrer hatte auch noch Flugangst) den Atlantik majestätisch mit einem Luxusliner; in den Zeitungen standen Bulletins über seine Abfahrt in Europa und seine Ankunft in New York. Er war damals, kein Zweifel, der Kronprinz der deutschen Literatur.

In New York waren wir am Vorabend der Tagung zu einer Party am Riverside Drive eingeladen, wo wir Cocktails tranken und zu Musik der Beatles tanzten. Ich erinnere mich noch, wie ich mit Anna Grass »Norwegian Wood« und »Can't Buy Me Love« tanzte, mein Gott, konnte Frau Grass, eine ausgebildete Tänzerin, tanzen!

Gastgeber war ein in Manhattan am Riverside Drive lebender deutscher Autor namens Becker, am Riverside Drive lebten viele der deutschen Emigranten. Zur Belohnung durfte Becker in Princeton zur Eröffnung der Tagung lesen. Er las einen nekrophilen Text von der Liebe eines jungen Mannes zu einer allmählich verwesenden Leiche. Die Gruppenmitglieder hörten anfangs mit tapferen Gesichtern zu, allmählich aber versteinerten ihre Mienen, bis sich Hans Werner Richter entschloss, um das Schlimmste im Ausland zu verhüten, die Lesung abzubrechen. War New York vielleicht doch so etwas wie ein modernes Babylon? Sodom und Gomorrha? Nur nach der Erfindung von Penicillin? Und war Beckers Text vielleicht doch Schrott? Wenn auch ekliger?

Auf der Tagung las als Gast die schön entschlossene Susan Sontag, aber der Eklat, die Sensation der Tagung war der Auftritt eines jungen langhaarigen Autors aus Österreich, der am dritten Tag einen stockend-stotternden Ausbruch auf Kärntnerisch hatte, mit dem er mit unbeholfenen Worten, die er stoßweise von sich gab, eigentlich ausdrückte, dass er »das alles hier« zum Kotzen finde, die ganze illustrierende Beschreibungsprosa der Autoren, vor allem aber die rhetorischen Tiraden der Kritiker Hans Mayer, Walter Jens, Walter Höllerer, Marcel Reich-Ranicki, Joachim Kaiser und Reinhard Baumgart. (Ich war erst zum zweiten Mal dabei und noch nicht so eingeschliffen in den Chor des als Regen über die Autoren nach der Lesung niederprasselnden Kritiker-Parlandos.) Nach den wortreichen Pfauenrädern, die die Kritik hier nach den Lesungen schlug, wirkte Handkes polternder Ausbruch gerade durch seine Unbeholfenheit wie ein Befreiungsschlag. Er begründete jedenfalls den Ruhm des jungen, narzisshaften Literatur-Revoluzzers, der alle ein wenig an die Beatles erinnerte und, wenn auch auf zarteste Weise, an die Beatniks.

Ich weiß noch, wie ich am Tag vor Handkes Auftritt, damals mit kurz geschorenem Messerschnitt, hinter Handke in den Bus stieg und ihn von hinten, wegen seines langen, seidigen Haars als Mädchen ansprach.

Er drehte sich wütend um (er konnte sehr jähzornig sein), zeigte mir sein schmales Konfirmantengesicht mit runder Brille, sah an meinem dummen Gesicht, dass ich ihn nicht hatte kränken wollen und korrigierte mich gnädig, dass er Peter Handke sei, Peter, wie er betonte. Ein paar Jahre später sah ich das Musical »Hair« und leistete mir in der ZEIT die Kalauer-Überschrift »Lang lang ist's Hair!«.

Mit **Klaus Wagenbach** in Princeton und fast eine Liebesgeschichte

»The party is over.« Das Fest ist vorbei. Es war gegen 11 Uhr abends, am 24. April 1966, in der Festhalle der Princeton University, einem seltsam steifen neogotischen oder neoklassizistischen Raum, als der Chef des German Department der Ivy League University, die fünfundsiebzig Kilometer südlich von New York im (damals schon arg zerbauten und zersiedelten) Staat New Jersey liegt, als also Victor Lange mit einem Räuspern, einem Klatschen in die Hände und einer kurzen Verlautbarung das Fest für beendet erklärte.

Seine Frau, eine würdige amerikanische Matrone, hatte ihm mit einem kurzen Kopfnicken signalisiert, dass es nun genug sei, mehr als genug. Die deutschen Schriftsteller und Kritiker und ein paar amerikanische Kollegen, darunter die schöne Susan Sontag, hatten nach dem Abendessen (das mit einem merkwürdig giftgrünen amerikanischen Jelly-Pudding geendet hatte) in der Halle gelärmt, gescherzt und vor allem Cocktails und Neuengland-Wein getrunken. Nun, so fand Frau Lange, angesichts der etwas grobschlächtig lärmenden Deutschen, sei es Zeit, Schluss zu machen. Da das seine Frau fand, fand das Victor Lange auch, und die weiß bejackten Kellner, Studenten der unteren Semester, hörten abrupt auf, noch etwas Trinkbares, gar Alkoholisches zu servieren. Langsam erstarben die Gespräche, Grüppchen lösten sich auf, Gäste gingen …

Ich stand in einem kleinen Grüppchen mit Klaus Wagenbach, dem Berliner Verleger, und zwei jungen College-Studentinnen – eine davon war die Tochter des Gastgebers Victor Lange, der die erste spektakuläre und auch noch offiziöse Kulturbegegnung zwischen deutschen Autoren und ihren amerikanischen Kollegen vom 21. bis 24. April veranstaltet hatte. Zum ersten Mal waren Schriftsteller aus Deutschland, das für viele Amerikaner noch immer den Schatten der Nazi-Zeit trug, aber längst der Verbündete im Kalten Krieg war, feierlich und offiziös nach den USA eingeladen worden. Es war, in der Zeit der beginnenden Anti-Vietnam-Kriegsproteste, ein von beiden Seiten heikles und wichtiges Treffen gewesen, das erste, das signalisieren sollte, dass die Nachkriegszeit zu Ende wäre.

Man hatte uns in einem »Holiday Inn« an einer Bundesstraße untergebracht. Motels, wie wir sie aus Nabokovs Roman »Lolita« kannten und aus B-Picture-Krimis, waren für uns 1966 etwas unerhört Neues. Dass das Hotel am Straßenrand uns auf einem großen mit Glühbirnen illuminierten Schild mit »Welcome Gruppe 47« begrüßt hatte, schien mir ungeheuerlich – ich wusste noch nicht, dass das jedes Motel routinemäßig mit jeder Reisegruppe tut, die da für zwei, drei Tage nächtigt.

Am Morgen wurden wir mit dem Bus nach Princeton abgeholt, wo wir vor Ehrfurcht erschauerten, wenn wir an Albert Einstein oder Thomas Mann dachten, an das andere, das bessere Deutschland, das hier in der Emigration den Krieg überlebt hatte. Alles war neu, überwältigend, imposant, die umarmende Gastfreundschaft herzerwärmend.

Nun also stand ich mit dem jungen Verleger Klaus Wagenbach, der etwas von einem Kobold hatte, und zwei noch viel jüngeren amerikanischen Studentinnen in der eher düster erleuchteten Halle, wo das Schlussfest abrupt endete. Wir hatten noch irgendeinen grünen oder rosaroten Cocktail in unseren Plastikbechern (oder waren es doch Gläser?), Wagenbach und ich mit Alkohol, die Tochter von Victor Lange und ihre Freundin, beide achtzehn, ohne Alkohol.

Und die beiden jungen Mädchen erzählten uns, ein bisschen witzig und ein bisschen wichtigtuerisch, wie sie an ihrem College in Neuengland (in Massachusetts) Deutsch und deutsche Literatur studierten. Was sie alles lesen müssten! Und die vielen Klausuren! Und dauernd müssten sie Referate halten. Über Kafka und Günter Grass und Heinrich Böll! Und dann noch die deutschen Sprachkurse! Die beiden Mädchen kicherten und rollten mit den Augen, um unsere Bewunderung zu gewinnen, es waren zwei spontane, hübsche und, wie ich fand, schrecklich natürliche Mädchen. Sehr amerikanisch, dachte ich damals und kam mir mit meiner Einsicht sehr wissend vor. Es war ein Smalltalk am Ende eines sich gerade auflösenden Abends.

»Dauernd lesen, Referate halten, Klausuren schreiben, Deutsch lernen«, sagte Klaus Wagenbach. »Das ist ja entsetzlich! Ihr Armen!« Und dann machte er eine kurze Pause und wiederholte: »Ihr Armen!« Und dann fragte er: »Wann fickt ihr denn eigentlich?«

Ich stand wie erstarrt, sah in die steife neugotische düstere Feierlichkeit der Halle, in das in vornehmen Grüppchen-Gesprächen verebbende Fest. Und dachte nur eins: Hoffentlich öffnet sich gleich der Boden! Und verschluckt mich! Damit ich die schreckliche Peinlichkeit, den Skandal nicht erleben muss, der gleich auf Wagenbachs Frage erfolgen müsste, zwangsläufig. Victor Langes reizende Tochter mit dem blitzenden Unschuldsblick würde gleich ihren Vater holen, und der würde uns von College-Polizisten in Handschellen abführen lassen. Erde, tu dich auf!

Doch zu meiner Überraschung geschah nichts Peinliches oder gar Katastrophales. Im Gegenteil! Die Mädchen lachten, schlugen die Hände zusammen, begannen sogar fröhlich zu hüpfen. Sie hatten auf einmal abgrundtief einladende Augen und sagten: »Genau das ist unser Problem!« Und sie tauten in einem Maße auf, dass es Wagenbach und mir Leid tat, als kurz darauf Victor Langes Frau ihre Tochter und deren Freundin abholte: »Kind, es ist Zeit!«

Doch ich hatte mir, ermuntert durch den fröhlichen Ausbruch der Mädchen noch die College-Adresse der Tochter geben lassen und ihr versprochen (wir hatten im Anschluss der Tagung noch eine Rundreise durch die USA spendiert bekommen), sie auf ihrem College zu besuchen. »Ja, ja«, sagte sie. Und dass sie sich freue. Und so fuhr ich ein paar Tage später, nachdem ich in New Orleans gewesen war, nach Massachusetts, voller neugieriger Vorfreude.

Ich kam an dem Ort an, brachte mein Gepäck in ein Motel (an dem kein Schild »Welcome, Mr. Karasek« leuchtete), lief zum College Dorm, in dem das Mädchen wohnte und meldete mich beim Pförtner. Auch dieses Gebäude, Efeu bewachsen, war irgendwie neoklassizistisch, wunderbare grüne Wiesen lagen zwischen den versteckten schneeweißen und efeugrünen Turnhallen, Unterrichtsgebäuden, Wohnhäusern.

Der Pförtner telefonierte, ich wartete, und nach wenigen Minuten kam ein Mädchen die Treppe heruntergesprungen und stürzte neugierig auf mich los. Ich sei sicher der Deutsche aus Princeton, den ihre Freundin kennen gelernt habe! Und dazu sah sie mich mit neugierigen, großen tiefgrünen Augen an, lächelte mit den vollsten Lippen, entblößte die schönsten Zähne. Mein Gott! War sie schön! Braun gebrannt, sportlich angezogen, in Sweatshirt, kurzen Hosen, Tennisschuhen. Ein Bild von einem College-Girl, American beauty. Sie war eine einzige Einladung, jung, offen, mir, wie es mir schien, auf den ersten Blick herzlich zugetan und voller Lust aufs Kennenlernen. Dann musterte sie mich noch einmal eindringlich, freundlich, ja einladend, sagte, sie würde jetzt ihre Freundin holen gehen, zögerte einen Augenblick, dann noch einen, drehte sich um und ging wieder nach oben.

Ich wusste auf einmal, dass ich nur ihretwegen gekommen war, obwohl ich sie vorher nie gesehen hatte. Ich habe sie auch später nicht wiedergesehen und mich natürlich auch am Abend beim Rendezvous mit Victor Langes Tochter nicht getraut, nach ihr zu fragen.

Ein paar Jahre später, während des Höhepunkts der Anti-Vietnam-Demonstrationen in Deutschland, hieß es immer wieder, die CIA habe die Reise der »Gruppe 47« nach den USA finanziert, man habe sich die »linke« Gruppe gewogen machen wollen. Ich dagegen musste immer wieder daran denken, wie ich fasziniert und feige vor dem Mädchen auf der Treppe stand, bis sie sich umdrehte und verschwand.

Wie **Dürrenmatt** mir Cognac in den Wein kippte

Am Abend des 3. Januar 1967 fuhr ich mit dem Abendzug von Stuttgart nach Neuchâtel, weil ich am nächsten Morgen ein Fernseh-Interview mit Friedrich Dürrenmatt für den Hessischen Rundfunk führen sollte. Das heißt, ich weiß nicht mehr genau, ob es 1967 oder doch 1968 war, aber an den Tag erinnere ich mich noch gut, weil ich am Interviewtag Geburtstag hatte, genau einen Tag vor Dürrenmatt, der am 5. Januar sechsundvierzig oder siebenundvierzig Jahre alt wurde, je nachdem, ob es 1967 oder 1968 war. Wenn ich daran zurückdenke, bin ich auch ein wenig erschrocken. Denn damals – ich war 33, respektive 34 Jahre alt – kam mir Dürrenmatt mit seinem schlohweißen Haar, das eine gewaltige Glatze umrahmte, und mit seiner massigen Figur (er erhob sich ächzend aus seinem Stuhl) ziemlich alt, wenn auch rosig und gut gelaunt freundlich vor. Und das, obwohl er zwanzig Jahre jünger war, als ich es heute bin. Schwamm drüber.

Wir drehten den TV-Beitrag zu seinem Geburtstag am Tag davor, und als ich ihm sagte, dass ich Geburtstag hätte, holte er während des Interviews eine Flasche Bordeaux aus dem Keller – wenn ich mich recht erinnere, einen Jahrgang 33, denn er sagte, der Jahrgang 34, also mein Geburtstagsjahrgang, sei nicht so gut –, entkorkte sie und prostete mir zu. Den Bodensatz, den der alte Wein hinterließ, goss er mit einem Cognac des gleichen Jahrgangs auf, den wir dann mitsamt des roten Bodensatzes leerten. »So macht man das«, belehrte mich Dürrenmatt, der mir wie ein schüchterner Mensch vorkam, der seine Verletzbarkeit mit lauter, ja dröhnender Herzlichkeit überspielte. Wir tranken dann noch einen über 100-jährigen Wein, und Dürrenmatt zeigte uns – vom Hessischen Rundfunk war noch der Redakteur Wolf Donner dabei – alte handgezogene Weinflaschen mit Bordeaux-Wein, die schief aussahen.

Er war stolz auf seinen riesigen Weinkeller, den er unter seinem auf einer Anhöhe liegenden Haus gebaut hatte. Wir feierten dann noch in Dürrenmatts Geburtstag hinein, und er erzählte, welche Bewandtnis es mit seinen Weinen habe. Als sein Welterfolg »Der Besuch der alten Dame« (1955) auch in Frankreich gespielt wurde, habe einer der Weinbarone von Bordeaux die Aufführung gesehen und sei begeistert gewesen. Im Gespräch habe

Dürrenmatt ihm erklärt, dass er als Diabetiker an sich keinen Wein trinken dürfe – mit Ausnahme von wirklich altem Bordeaux. Der Weinbesitzer sei damals, so erzählte Dürrenmatt, schon uralt gewesen und habe einen Erben, einen Neffen gehabt, den er auf den Tod nicht ausstehen konnte. Und so habe er zu dessen Ärger nach und nach seinen ganzen wertvollen Weinschatz an Dürrenmatt verkauft. »Ich musste dafür mein Haus extra mit einem Riesenweinkeller unterkellern lassen«, erzählte Dürrenmatt lachend.

Ich fuhr am nächsten Morgen, noch voll des schweren Weins, zurück nach Stuttgart. Dort kannte ich den damaligen Fernsehspieldramaturgen des Süddeutschen Rundfunks, Reinhard Müller-Freienfels, der unter anderem stolz darauf war, dass er Dürrenmatt, mit dem er zusammen gearbeitet hatte, parodieren konnte. (Noch mehr Grund zum Stolzsein hätte Müller-Freienfels aufgrund der Tatsache haben können, dass es ihm gelungen war, Samuel Beckett nach Stuttgart zu holen, wo Beckett seine berühmten Stücke – »Endspiel«, »Warten auf Godot« – für das deutsche Fernsehen inszenierte. So etwas war damals noch möglich!) Jedenfalls sagte Müller-Freienfels jedes Mal, wenn er mich anrief, sehr schwyzerisch rollend: »Hierr ischt derr Dürrenmatt«, und lachte dann.

Ein paar Wochen nach meinem Besuch in Neuchâtel klingelte mein Telefon in der Redaktion der »Stuttgarter Zeitung«, und eine Stimme sagte: »Hierr ischt derr Dürrenmatt!« Und ich sagte: »Komm, Müller-Freienfels, ich habe Sie erkannt!« Aber es war wirklich Dürrenmatt, der mit seiner Frau seine Tochter in Stuttgart besucht hatte, die hier Gesang studierte. Und er und seine Frau wollten am Abend mit mir und meiner Frau Wein trinken gehen. So gingen wir in die legendäre »Kiste« und tranken schwäbischen Rotwein, was Dürrenmatt eigentlich nicht durfte, aber gut. Am späten Abend, als meine Frau und ich uns todmüde am »Schlossgartenhotel« von den Dürrenmatts verabschiedeten, waren sie sehr aufgekratzt und weitaus munterer als wir viel Jüngeren.

Wie ich **Stan Getz** hinter der Bühne besuchte

Meine Jazz-Heroen in den sechziger Jahren hießen Jerry Mulligan, Charlie Parker und Stan Getz; das Saxophon, das Instrument des Cool Jazz und Bebop, war damals mein Lieblingsinstrument. Und Chet Baker, dessen gestopfte Trompete und krächzende Stimme (»My funny Valentine«) mich in später nächtlicher Einsamkeit zu Tränen rührte. »Warum kannst du nicht schlafen?«, fragte meine Frau, während ich am Braun-Plattenspieler der Zeile »You make me cry with my heart« lauschte. Ja, warum nicht?

1967 putschten sich in Griechenland »die Obristen«, sie hießen Pattakos und Papadopoulos (erinnert sich noch jemand? Sie waren damals die Ungeheuer der Epoche), an die Macht, und wir Theaterkritiker, die wir gern zu antiken Theater- und Festspielen nach Athen fuhren, überlegten:

Kann man da noch hinfahren? Wie wir später, während des Vietnam-Krieges, überlegt haben: Darf man auf Ibiza noch Coca-Cola trinken? Oder während der französischen Atomversuche in der Südsee fragten: Darf man noch Champagner kaufen?

Aber Spaß beiseite, ich fuhr weiter nach Athen, weil ich die Akropolis wieder sehen wollte und das Amphitheater in Epidauros, wo, in den heiligen Hainen des Asklepios, das besterhaltene aller griechischen Theater steht. Ich erinnere mich noch an eine »Medea«. Und an die herrliche Akustik. Wenn man im weiten Theaterrund ein Streichholz anzündete, konnte man das Zischen überall in der Arena hören. Die Obristen waren also an der Macht und hatten die Demokratie in Griechenland außer Kraft gesetzt (was immer das bedeuten sollte). Aus Trotz und Widerstand hörten wir abends bei Retsina die Musik von Mikis Theodorakis (Da-dá – dadadada-dá), unsere griechischen Freunde und wir tanzten Sirtaki in bunter Reihe, die Beine immer wilder nach vorne schmeißend. Und am Schluss zerdepperten wir, voll des herrlichen Ouzo und vom Vollmond berauscht, Keramikteller, die wir in übermütiger Freude auf den Boden warfen. Klirr! Klirr!, das war damals von den Obristen strikt verboten und machte deshalb noch mehr Spaß. Man kam sich wie ein Widerständler vor: Nieder mit Papadopoulos!

Eines Abends, also in einer späten, noch vom Tag heißen Nacht, war nach einer Theateraufführung in dem relativ kleinen Amphitheater unter der Akropolis ein Konzert – auf halber Höhe des Berges, auf der Agora, dem sagenumwobenen Marktplatz des antiken Athen, der Wiege der abendländischen Demokratie. In einer der im hellen Marmor rekonstruierten Säulenhallen, wo man auf kühlen Steinen in der warmen Abendluft saß. Und es gab ein Konzert mit Stan Getz. Mein Lieblingssaxophonist! Polnischer Herkunft und in Philadelphia geboren, war er damals etwas vierzig Jahre alt und stand auf dem Gipfel seines internationalen Ruhms. Nicht nur, dass er einer der swingendsten und musikalischsten Saxophonspieler einer saxophonbesessenen Zeit war – es waren die Brunstschreie des Saxophons, die der Zeit ihren erotisch-sexuellen Sound gaben –, nein, er hatte auch gerade den Bossa Nova, wenn nicht erfunden, so doch populär gemacht und Stücke wie »Desafinado« oder »The Girl from Ipanema« gaben den Zeitton an, die unwiderstehlich aufreizende Mischung zwischen brasilianischen Rhythmen und Swingläufen, geheult von einem röhrenden Saxophon! Ich stand (oder saß?) in der Agora, zwei oder drei Reihen vor mir stand (oder saß?) eine geradezu unwiderstehlich schöne blonde Frau, die, während ich Stan Getz hörte und sah, wie er die Nacht mit seinem Saxophon bearbeitete, mit dem Körper mitwippte. Und die bemerkte, dass ich sie ansah, und so drehte sie sich während der Pausen zwischen den Musikstücken um und musste grinsen, weil ich sie ansah …

Es war ein hinreißendes Konzert, und als es nach Mitternacht zu Ende war, klatschten alle und gingen dann auseinander in die warme Nacht. Zu mir kam dann einer der Festival-Offiziellen und fragte mich, ob ich noch Lust hätte, Stan Getz persönlich kennen zu lernen. Natürlich hatte ich, denn die schöne Blondine war ohnehin spurlos verschwunden. Und so besuchte ich ihn in seiner Garderobe, wo er schwitzend und erschöpft saß, dunkelblond, eckig, sehr »polnisch« aussehend, wenn ich mich recht erinnere. Ich bedankte mich und machte dem Erschöpften, der mit kräftigen Schlucken Bier trank, Komplimente. Plötzlich war da die wunderschöne Blondine von der Agora. Getz stellte sie mir als seine Frau (seine Freundin?) vor. Und ich hatte, während sie mich anlächelte, einen Augenblick ein schlechtes Gewissen, weil ich mehr zu ihr gesehen als auf seine Musik gehört hatte. Teilweise! Und dann waren wir noch, eine kleine Gruppe, irgendwo Wein und Bier trinken.

Wie ich mit **Alexander Mitscherlich** in die bessere Zukunft fuhr

Am 22. Februar 1967 starb Fritz Erler, der stellvertretende Vorsitzende der Nach-Ollenhauer-SPD, einer der Väter des Godesberger Programms, ein bebrillter, schmalköpfiger »egghead« der Sozialdemokraten, ein Mann mit Halbglatze, der den Dialog mit den »Gruppe 47«-Intellektuellen suchte und pflegte, also mit Hans Werner Richter, Günter Grass und Martin Walser. Erler, 1913 geboren, war einer, der die Nazi-Zeit unbefleckt, das heißt, als Widerstandskämpfer überlebt hatte: Er hatte als Sozialdemokrat im Untergrund gekämpft und war 1939 zu zehn Jahren Zuchthaus verurteilt worden. Wenn man so will, war er so etwas wie ein sozialdemokratisches Pendant zu dem linksliberalen Präsidentschaftskandidaten Hubert Humphrey in den USA.

Er starb, neben Willy Brandt der Hoffnungsträger und intellektuelle Mittler in der SPD, an Krebs, und zu seiner Beerdigung in Pforzheim – es war wohl Anfang März – versammelte sich die gesamte Linke, die sich auch zur außerparlamentarischen Opposition zu formieren im Begriff war. Es war ein sonniger Vorfrühlingstag und Trauer und ein unbestimmtes Gefühl politischen Aufbruchs und einer Hoffnung beherrschte die Gespräche um das Begräbnis.

Nach der Trauerfeier musste ich nach Frankfurt, und Alexander Mitscherlich bot mir an, mich in seinem Auto mitzunehmen.

Mitscherlich, ein hagerer, großer, schlanker Mann, auch er mit Brille und Halbglatze ein typischer »egghead« als Repräsentant einer neuen politischen Kaste, auch er von den Nazis mehrfach verhaftet und drangsaliert, leitete seit 1960 das Sigmund-Freud-Institut in Frankfurt und hatte mehrere Werke publiziert, die schon in ihren Titeln das Programm der Zeit schrieben: »Die Unwirtlichkeit unserer Städte« von 1965 und, vor allem, »Die Unfähigkeit zu trauern«, das er 1967 zusammen mit seiner Kollegin und dritten Ehefrau Margarethe Mitscherlich publizierte. Kaum einer hatte das Werk gelesen, jeder kannte den Titel, in dem die kollektive deutsche Verweigerung, sich mit der Vergangenheit auseinander zu setzen, ihren Niederschlag fand.

Wir fuhren durch einen sonnigen Tag, Mitscherlich war stolz auf sein Auto, einen DS 19 von Citroën, die »Pallas Athene«, damals mit seinem modisch-antimodischen Design, seiner Hydraulik und seiner Kunststoff-Innenwelt so etwas wie ein futuristisches Auto, das er nicht müde wurde zu preisen. Mit diesem Auto fuhr man, unbedingt, in eine bessere, eine rationalere Zukunft.

Kurz vor Frankfurt, wo er in einer der modernen Hochhaus-Vorstädte wohnte, damals der Stolz der Gegenwart, heute ein ziemlicher Albtraum des Sechziger-Jahre-Massenwohnens, pries er nicht nur seine zukunftsträchtige Wohnlage, sondern wollte mich unbedingt noch in ein neues Restaurant mitnehmen: Es war eines der in den Sechzigern neuen, in Deutschland avantgardistisch wirkenden »Mövenpicks«, in der die deutsche Küche eins international übergebraten bekam. Weltoffenheit und Schweizer Solidität waren hier in der deutschen Provinzialität angekommen, anders als heute gehörten die »Mövenpick«-Restaurants damals zur exquisiten Spitze. Mitscherlich schnalzte angesichts der Schweizer Weine und der eingelegten Artischocken mit der Zunge: Die Welt wirkte sonnig, heiter, offen, progressiv, einer liberalen Zukunft zugewandt, die auch nach internationalen Gourmets verlangte. Die Toscana-Fraktion entstand.

Nicht viel später sollte diese Zukunft in Deutschlands »Bleierner Zeit« nach der 68er Revolte enden. Ich sah Mitscherlich später im Fernsehen wieder: Da nahm er an einer Diskussion über die amerikanische Fernsehserie »Holocaust« teil; der kluge, gewitzte, scharfzüngige und doch verbindliche Mann war offenbar nicht mehr Herr seiner Sinne, und man hatte dem an Debilität Erkrankten diesen Auftritt nicht erspart.

Viel schlimmer noch: Sein Sohn Thomas hat 1984 (also zwei Jahre nach dem Tod seines Vaters) ein unerbittliches Porträt des hilflosen Greises als Film im Fernsehen vorgeführt: eine hemmungslose Abrechnung mit einem einstigen Übervater, der nur noch zusammenhanglos stammeln und sich vor den Zumutungen der Kamera nicht mehr schützen konnte.

Wie **Renate Rasp** einmal **Joachim Kaiser** fast in Verlegenheit brachte

Im Herbst 1967 tagte die »Gruppe 47« in der »Pulvermühle« in der Fränkischen Schweiz. Die Tagung, die in einem Landgasthof stattfand, der Gruppen-Tagungsraum war eine Art aufgeputzte Scheune, sollte die letzte überhaupt werden. Man hatte, in der Euphorie des damaligen Aufbruchs, das nächste Treffen für das Jahr 1968 im August als Treffen mit tschechischen Kollegen geplant. »Auf nach Prag!« hieß die Devise. Eine neue Ost-West-Solidarität war angesagt. Positive Schlagworte wie »Prager Frühling«, »Sozialismus mit menschlichem Antlitz«, Namen wie Dubček, Goldstücker und Havel, aber vor allem die literarische Koexistenz zwischen Ost und West bestimmten das Klima, das von Aufbruch geprägt schien – und niemand merkte, dass es sich um einen Abschied handelte, einen Abschied von Gestern.

Zu der Prager Tagung sollte es nicht mehr kommen. Die Panzer der Sowjetunion und der befreundeten Staaten des »Warschauer Paktes« waren vorher da, die Koexistenz erlitt einen spürbaren Rückschlag, den die »Gruppe 47«, weise genug, als historischen Wink verstand. Sie hatte sich überlebt und hatte nun das Glück im Unglück, dass die sowjetische Invasion in der ČSSR ihr, sozusagen ganz nebenbei (wie in einer Fußnote zu einem brutalen historischen Ereignis), den Totenschein ausstellte. Sie musste sich nicht selbst auflösen.

Noch aber war 1967, Herbst, am Rande des scheunenartigen Gebäudes standen Tische und Stühle im Freien, an denen sich im milden Herbstlicht Autoren in der Frühstückspause und zum Mittagessen wärmten, während auf einem nahe gelegenen Brachfeld in Sichtweite ein Grüppchen protestierender Studenten »Bild«-Zeitungen verbrannte und den Schriftstellern um Sympathie heischende Plakate mit der »Enteignet Springer!«-Aufforderung entgegenhielt.

Die Teilnehmer der Gruppen-Tagung haben dann auch, unter der Wortführerschaft von Günter Grass, eine Resolution abgefasst, in der sie verkündeten, dass sie nie wieder in einer Zeitung des Springer-Konzerns publizieren würden. Natürlich führte das zu Verstimmungen mit einigen Kollegen, die beispielsweise in der Kulturredaktion der »Welt« angestellt waren oder in deren Literaturteil mitarbeiteten.

Es war gleichzeitig die Zeit eines sich auch in Deutschland, wenn auch schüchtern, regenden literarischen Feminismus, und Renate Rasp, die damals zweiunddreißigjährige Schrifstellerin, eine große, schmale Frau mit kastanienbraunem Haar, las auf der Tagung aus ihren Gedichten. In Rock und hochgeschlossener Bluse, was deshalb wichtig ist zu erwähnen, weil Rasp zu der Zeit viel beachtete öffentliche Lyriklesungen abhielt, bei denen sie mit ihren Versen auch ihre Brüste dem Publikum entgegenhielt. Sie »zog blank«, wie das der SPIEGEL griffig nannte. Ihre Gedichte waren der pure Hohn auf den männlichen Sexismus, was die erdrückende männliche Mehrheit im Saal tapfer schluckte, wir waren so was von aufgeklärt!

Außerdem hatte Rasp, die in München lebte und mit dem Münchner Kabarettisten und Autor Klaus Budzinski verbandelt (»Die Muse mit der scharfen Zunge«) war, gerade einen Roman gegen die autoritäre Familie und deren repressive Pädagogik geschrieben. Er hieß »Ein ungeratener Sohn« und war eine Parabel auf Familienzwänge und Kinderabrichtung: Der Sohn war zur Topfpflanze verkommen, von der Mutter eingepflanzt worden, und alle Äste und Triebe wurden ihm gestutzt. Ich denke eigentlich, dass das Buch trotz seiner Zeitgebundenheit an den 68er Geist sehr zu Unrecht vergessen ist; es war eine schöne, bitterböse Satire.

Renate Rasp las also am Vormittag, sie las einigermaßen ungestüme Verse, die die blasse Frau mit schön vor Leidenschaft gerötetem Kopf vortrug.

Dann wurden die Gedichte ad hoc kritisiert, teils gepriesen, teils bezweifelt, das Übliche also. Und dann saßen wir beim Mittagessen. Ich hatte einen Tisch erwischt, an dem neben Peter Härtling und Martin Walser auch der Kollege Joachim Kaiser und seine kräftige, sinnenfrohe Frau Susanne saßen, und Kaiser kicherte etwas verlegen und hielt den Kopf schräg, als er erzählte: Er sei bei der Lesung von Frau Rasp, die er im Übrigen aus München von sehr angenehmen geselligen Abenden zusammen mit Klaus Budzinski kenne, reizende Leute beide, wirklich, also er sei bei der Lesung der Gedichte doch sehr erschrocken gewesen. Also besonders, als die Rasp etwas von einem roten buschigen Schwanz vorgetragen habe, da sei er, Joachim Kaiser, doch einen Augenblick zusammengezuckt und habe sich unter den Kollegen umgesehen, ob die nicht auch … Die aber seien alle ganz ruhig geblieben, und so habe er, als die Dichterin fortfuhr zu lesen, zu seiner Erleichterung festgestellt, dass sie mit dem buschigen roten Schwanz also doch nur ein Eichhörnchen oder einen Fuchs gemeint habe.

Dann kicherte er fein und neigte den Kopf noch schräger zur Seite, indem er zischend die Luft durch die Zähne einzog. Seine Frau sah ihn an. Und sagte in breitem Schwäbisch, das mit seinem ostpreußischen Singsang kontrastierte: »Sei ruhig Jochen! Davon verstehscht du nix!«

Wie **Marion Gräfin Dönhoff** mich zu Karl May führte

Ich war von 1968 bis 1974 als Theaterkritiker und Redakteur bei der ZEIT und von Stuttgart in das feine hanseatische Hamburg gekommen, ein ziemlich ungehobelter junger Mann, und so saß ich, an einem brüllend heißen Sommertag, in meinem Vier-Quadrat-Meter-Büro im obersten Stockwerk im Pressehaus an Speersort und hatte, zur Erleichterung, die Schuhe und Strümpfe ausgezogen und die Füße in einen Wassereimer gesteckt, in dem Eiswürfel schwammen. Ich war noch ziemlich neu, »die Gräfin«, wie Marion Gräfin Dönhoff genannt wurde, trat in mein Zimmer, und ich versuchte, mit den Füßen im Eimer aufzustehen, was mir nur halbwegs gelang.

Die Gräfin, die damals noch stellvertretende Chefredakteurin war – der Chefredakteur war die rheinische Frohnatur Josef Müller-Marein, der damals die ZEIT mit einer Serie über seinen Führerscheinverlust nach Alkoholkonsum beglückte –, war sehr schlank, hatte wunderbar große blaue Augen, mit denen sie auf unnachahmliche Weise über meinen derangierten Zustand hinwegsah, um mich als neues Mitglied der Feuilleton-Redaktion zu begrüßen. Meine Bloßfüßigkeit erwähnte sie mit keiner Silbe, bemerkte sie mit keinem Blick. Und nie in unserer späteren Zusammenarbeit (ich war eine Zeit lang gewählter Redaktionssprecher, es war die Zeit der so genannten Mitbestimmung), aber auch wirklich nie hat sie erwähnt, dass ich, als ich sie das erste Mal begrüßen durfte, die Füße im Eis hatte.

Am verblüffendsten war ihr Lächeln, ihr Lachen. Es war, man kann es nicht anders sagen, entwaffnend, schüchtern (sie warf dabei den Kopf leicht zurück) und jungmädchenhaft anmutig. Und auch ihre Bewegungen und Gebärden hatten etwas Jungmädchenhaftes, trotz ihrer strengen Frisur und obwohl sie damals schon fast sechzig Jahre alt war. Sie konnte sich das leisten, weil sie, trotz ihrer leisen Stimme, eine selbstverständliche Autorität ausstrahlte (500 Jahre trainiert, dachte man) und selbst, wenn sie übermütig war, und das konnte sie sein, nie ihr Maß verlor. Sie war so selbstverständlich bei sich, dass mir zu ihr immer die Geschichte einfiel, die Carl Sternheim in seinem »Snob« zu einem Grafen einfällt. Da kommt ein Deutscher nach England und bewundert bei seinem Gastgeber den englischen Rasen. Wie macht ihr das? Wie bekommt ihr einen so schönen grünen Rasen hin? Oh, es ist ganz einfach, erklärt der Engländer. »Man muss ihn nur schneiden und bürsten. Täglich.« »Das ist alles?«, fragt der deutsche Gast. »Ja, das ist alles«, sagt der englische Gastgeber. »Täglich schneiden und bürsten. 500 Jahre lang.«

Wenn sie von anderen sprach, hatte sie oft gutmütigen Spott, der in allem Respekt mitschwang. Nie werde ich die Geschichte vergessen, die mir Rudolf Augstein von ihr erzählt hat (wenn nicht wahr, dann gut erfunden). Er habe einmal neben ihr gesessen, bei einem offiziellen Essen und sie, als das Mahl vorüber war, gefragt: »Gräfin, stört es Sie, wenn ich rauche?« Und sie habe ihn groß und blauäugig angeblickt und gesagt: »Keine Ahnung! Es hat noch nie jemand gewagt!«

Sie war meine beste Chefredakteurin und damit auch mein liebster Chefredakteur. Und einmal fragte sie mich, was denn das mit den Karl-May-Festspielen in Bad Segeberg auf sich habe und ob wir da nicht zusammen hinfahren sollten und ich sie als Theaterkritiker mitnehmen würde?

Wir fuhren also zu dritt nach Bad Segeberg. Haug von Kuenheim, ihr Adlatus, Ostpreuße wie sie und nebenbei Ressortleiter des »Modernen Lebens«, und ich. In dem sagenumwobenen schwarzen Porsche der Gräfin, der im Nachkriegsdeutschland ihr Reitpferd ersetzte. Im Verkehrswirrwarr auf der Kennedy-Brücke (oder war es die Lombardtsbrücke?) sagte die Gräfin: »Oh Gott, was mach ich jetzt!« Es gab damals noch nicht so viele

Ampeln und man musste selbst entscheiden und handeln. Und Haug von Kuenheim sagte: »Wenn Sie einfach stehen bleiben, können Sie am wenigsten falsch machen!« Wir sind dann doch nach Bad Segeberg und zu Karl May gekommen.

Die Gräfin war anschließend, nach der Karl-May-Aufführung, begeistert. Von den Pferden, den Felsen, den farbenprächtigen Indianern. Mir waren Aufführungen in offener Natur bis dahin stets suspekt gewesen, eher Zirkus als Theater. Ich war ja schließlich der strengen Schule Siegfried Melchingers entwachsen und hatte mich durch Bände von Brechts Theaterarbeit gefressen, ließ mich aber von der naiv kindlichen Freude der Gräfin wenigstens teilweise anstecken. Na gut, wenn es ihr Spaß macht, dachte ich.

In dieser Zeit war ich gelegentlich bei der Gräfin zum Abendessen eingeladen, in Blankenese, wo eine strenge Haushälterin hart gekochte Eier servierte, als handelte es sich um Kaviar und als wäre mindestens noch eine Fürstin Metternich zu Gast. Oder sonst jemand aus dem Gotha.

Einmal saß da ein hoher indischer Diplomat, im grauen Sari, und stapfte, nachdem er sein hartes Ei gegessen hatte, mit bloßen Füßen auf den bloßen Parkettboden und schwärmte vom Himalaya.

»Dort müssen wir hin, wir wollen in die Berge«, sagte die Gräfin abenteuerlustig. Und fast hätte mich ihr Schwung wie in Bad Segeberg mitgerissen und ich wäre wie zu den Indianern und Pferden mit ihr zu den Achttausendern gefahren.

Wie ich **Max Horkheimer** beim Binokel zusah

Nach dem Mai 1968, der in Paris Charles de Gaulle von der Macht gefegt hatte und die Straßen für Tage, ja Wochen in Schauplätze lustvoller Anarchie verwandelte, entstanden auch in der ordentlichen Bundesrepublik Oasen der Auflösung, es gab »republikanische Clubs« und an den Unis zerbröselte die Ordnung in gesprengten Vorlesungen, Demonstrationen und Protestversammlungen. Ich erinnere mich, wie in Frankfurt am Main die Universität mittels eines Transparents in Karl-Marx-Universität umgenannt worden war. Linke Studenten patrouillierten vor dem Gebäude, im Rektorat, das besetzt war, biwakierten junge Männer und Frauen, die, in Outfit und Benehmen, an die Aufständischen der Oktoberrevolution und an lateinamerikanische Guerilleros erinnerten; es war wie im Kino, nur die Waffen, die Flinten oder gar Kalaschnikows fehlten, es herrschte eine friedliche träg siegesgewisse Stimmung in der Sommerhitze. Die Usurpatoren, die kampflos gesiegt hatten, fläzten sich auf den Stühlen des Rektorats, hingen in den Ecken der Büroräume herum, halb leere Rotweinflaschen standen auf dem Boden, ab und zu gurgelte einer an einem grünen Flaschenhals.

Zu der Zeit drehte ich für »Titel, Thesen, Temperamente«, die Kultursendung des Hessischen Rundfunks, einen Fernsehfilm über Max Horkheimer, der, damals vierundsiebzigjährig, im Tessin lebte. Der Gegensatz zu den Frankfurter Straßen der permanenten Demonstrationen samt ihrer martialischen Sprechchöre hätte nicht größer sein können. Horkheimer galt, neben Adorno, Wilhelm Reich und Herbert Marcuse, als einer der geistigen Väter der Studentenrevolte. Er war mit seinem »Institut für Sozialforschung« über Genf und Paris nach New York und Kalifornien emigriert, seine und Adornos Lehre, dass es kein richtiges Leben im falschen geben könne, lieferte den Studenten ihr Überlegenheitsgefühl, als einzige (historisch) richtig zu handeln. 1944 hatte er mit Adorno in den USA die »Dialektik der Aufklärung« veröffentlicht, schon allein das Haupt-Wort »Dialektik« war das rabulistische Instrument, mit dem die junge Linke aus allem auch das Gegenteil erklären und rechtfertigen konnte.

Horkheimer war ein zarter alter Herr, mit gütiggescheiten Augen, makellos in altmodisch gut geschnittene Anzüge gekleidet, mit Ziertuch und groß gebundener Krawatte. Die Villa in Montagnola war düster und gemütlich mit edlem Nippes überladen, natürlich voll gestopft mit Büchern. Horkheimer, der einer reichen Stuttgarter Fabrikantenfamilie entstammte, sprach mit unverkennbar schwäbischem Akzent, war der denkbar unaggressivste Gesprächspartner, ein zuvorkommender Gastgeber für uns Fernsehleute und saß uns geduldig Rede und Antwort vor laufender Kamera. Immer wieder erklärte der alte Mann den letzten Grund für die notwendige menschliche Solidarität: Wir sind alle sterblich; Bakterien, Milben in einer Käserinde.

Abends saß er mit seiner Frau, einer feinen alten Dame, im milden Lampenschein, und die beiden spielten Binokel – ein Kartenspiel, mit dem ich schon in Tübingen 1952 meiner ersten Wirtin, der Postbeamten-Witwe Wörz, gelegentlich die Abende vertreiben durfte. Als wir gegen Ende unserer Interviews, nach einer Woche, Horkheimer baten, die Studentenrevolte seiner »Kinder« zu beurteilen, gab er ein Statement, das in einer harschen Verdammung des Chaos und Revoluzzertums endete. Es sei mehr als leichtsinnig, die mühsam errungenen bürgerlichen Freiheiten aufzugeben oder auch nur zu gefährden. Dann hielt er verstört inne. Wir spielten ihm seine Worte auf der Kamera vor und fragten ihn, ob er seine Sätze neu formulieren wolle, schließlich sei es ja eine ziemlich schroffe Absage an die Studenten, seine

Adepten, geworden, die doch vorgaben, in seinem Geist zu agieren. Wir nahmen seine Schlussworte noch dreimal auf, immer wurde es, zu seinem Erschrecken, eine barsche Verurteilung. Er sagte, er komme in einer Woche ohnehin nach Frankfurt, und wir schlugen ihm vor, dort seine Worte, falls er wolle, neu zu formulieren. Aber auch in Frankfurt wiederholte sich das immer Gleiche: Er blieb bei seiner Ablehnung. Die studentische Praxis habe mit seiner Theorie nichts zu schaffen.

Den Film schnitt ich gemeinsam mit einer jungen, lebhaften, sehr tüchtigen und ebenso hübschen Cutterin, sie war die Frau eines Redakteurs, von dem sie getrennt lebte, und kam später in Schwierigkeiten, weil sie Gudrun Ensslin während ihres Brandanschlags auf ein Frankfurter Kaufhaus über Nacht beherbergt hatte.

Wie **Peter Palitzsch** und ich zu Landfriedensbrechern wurden

Mitte der sechziger Jahre war ich, nach zwei Jahren, vom Stuttgarter Theater wieder zur »Stuttgarter Zeitung« zurückgekehrt. Ich war als Redakteur und einer der vier Theaterkritiker (unter Siegfried Melchinger und neben Richard Biedrzynski und Rolf Michaelis) als Dramaturg zum Theater gegangen und, nachdem Michaelis als Literaturredakteur zur »Frankfurter Allgemeinen Zeitung« gewechselt hatte, als Feuilleton-Chef zurückgekehrt. Der Wechsel hin und zurück hatte sich also für das, was man Karriere nennt, gelohnt.

Rückblickend muss ich sagen, dass die Jahre beim Theater meine schönsten, meine aufregendsten Jahre waren. Das lag daran, dass ich jung war, offen, unsicher in meinen Zielen und also begeisterungsfähig. Und dass man im Theater außerhalb der engen, strengen Ordnung lebte (die mit dem

»Wirtschaftswunder« korrespondierte), die damals ohnehin die ersten Verwerfungen und Brüche erfuhr – Brüche, die das Theater wie mit heftigen Impulsen belebte, schon allein, weil das reiche deutsche Subventionstheater damals ohnehin von gesellschaftlich eher Ungebundenen, also »Verrückten« bevölkert war, die, ähnlich wie die Studenten oder die Künstler und Intellektuellen, weniger Rücksicht auf sozial verfestigte Bindungen nehmen mussten. Wir haben wichtige und nichtige Sachen gemacht, und dass wir sie nicht immer auseinander halten konnten, war unser Glück und unser Pech zugleich.

Nicht dass meine Zeit bei der »Stuttgarter Zeitung« bis 1968 nicht auch eine aufregende, spannende Zeit gewesen wäre, aber meine privaten Bindungen und Beziehungen zu den Theaterleuten, mit denen ich gearbeitet, gestritten und mindestens ebenso viel gefeiert hatte, blieben eng.

Es war nach dem Schah-Besuch, den Prügel-Persern, nach der SPIEGEL-Krise, den Schwabinger Krawallen. Die Studenten begannen, gegen Springer zu demonstrieren. Ich saß am Abend vor dem Fernseher und sah, dass in Berlin, Hamburg, München und auch in Esslingen, wo es eine Druckerei und Auslieferung der »Bild«-Zeitung gab, die Studenten der »Außerparlamentarischen Opposition« zu Demonstrationen aufgerufen worden waren, um die Auslieferung der »Bild«-Zeitung zu blockieren. Man sah, abends um acht, wie sich die ersten Protestgruppen in Bewegung setzten, wie sie versuchten, die Werktore zu blockieren, wie da die Polizei aufzog, der private Werkschutz sich mit Schäferhunden formierte.

»Komm, da müssen wir hin!«, sagte ich zu meiner Frau; wir waren neugierig und sensationsgeil, wollten an einem Ereignis des Aufbruchs, ja der Revolution teilnehmen. Es war, als wollten wir an einem Verkehrschaos oder einem ausufernden Pop-Konzert oder an einer Naturkatastrophe halb als Beobachter, halb als Akteure teilhaben; wir waren aufgeregt und kamen uns gleichzeitig unheimlich »politisch« vor, während wir uns mit Freunden zusammentelefonierten: »Du, lass uns nach Esslingen fahren! Da ist was los! Da bahnt sich was an!«

Wir fuhren also los. Mit von der Partie waren die Schauspielerin Inge Engelmann, eine kraftvolle, spontane, herrliche Schauspielerin, die damals mit dem Dramaturgen Jörg Wehmeyer, meinem Nachfolger am Theater, zusammenlebte (er sollte später mit Peter Palitzsch, Wilfried Minks und Horst Laube das erste Mitbestimmungsmodell am Frankfurter Schauspiel entwickeln), Peter Palitzsch, der inzwischen schon Schauspieldirektor des Schauspielhauses war, und der sechzehnjährige Sohn von Inge Engelmann, der bei uns zu Hause oft als Babysitter unseren siebenjährigen Sohn hütete, wenn meine Frau und ich unterwegs waren.

In Esslingen herrschte eine gespannte Atmosphäre, als wir in Richtung Druckerei zogen, es war ein Fußgängerzug (die Autos waren ordentlich und zur Sicherheit in gebührender Entfernung auf Parkplätzen abgestellt), wie er sich ähnlich vor großen Fußballspielen auf die Stadien zubewegte.

Am Rande standen Polizisten, wohl auch mit Kampfwagen. Teilweise war das Gelände neben der Straße und vor den Druckereigebäuden von Werkschützern abgesichert, die drohend abwartend da standen, ihre kläffenden Schäferhunde an der Leine.

Da passierte es. Der sechzehnjährige Sohn von Inge Engelmann fühlte sich durch den Werkschutz provoziert, beschimpfte die Männer mit den Hunden und ging, als sie zurückschimpften, langsam in ihre Richtung. Wir waren noch auf der Straße, als die Werkschützer ihre Hunde auf den jungen Engelmann losließen. Kläffend fielen sie über den Jungen her.

»Oh Gott! Hilfe! Mein Sohn!«, schrie Inge Engelmann. Die Polizei in der Nähe machte keine Anstalten, einzugreifen. Ich fühlte mich elend, weil ich wusste, dass ich, um dem Sohn meiner Freundin, dem Babysitter meines Sohnes zu helfen, nicht tatenlos zusehen durfte. Also gingen Palitzsch, ich und Wehmeyer los und stürzten uns, ich mehr blind als gezielt, ins Getümmel. Durch meinen Mantel, einen Trenchcoat, spürte ich einen Hundebiss, ein Schäferhund hatte mich angefallen.

Zum Glück griff die Polizei in diesem Moment ein, die bisher, wie gesagt, das Geschehen scheinbar unbeteiligt beobachtet hatte. Passanten hatten

Palitzsch und mich erkannt und den Polizisten gesagt, der Schauspieldirektor und der Kulturredakteur der »Stuttgarter Zeitung« stünden da im Nahkampf mit Schäferhunden.

Wir wurden von der Polizei auf einen Lastwagen verladen; wie sich herausstellte, war der junge Engelmann sechzehnmal gebissen worden, Palitzsch und ich hatten je eine leichte Bisswunde – als Zeichen unserer vorsichtigen Tapferkeit. Wir wurden auf die nächste Polizeistation gebracht, ärztlich versorgt. Vorher bei der spektakulären Abfahrt hatte uns ein »Stern«-Fotograf als Helden des Widerstands hinten auf der Ladefläche des Lastwagens fotografiert, mit grimmig entschlossenen Gesichtern: Und wir können sagen, wir sind dabei gewesen! Wir erstatteten bei der Polizei Anzeige, dann fuhren wir nach Hause, in dem Bewusstsein, etwas erlebt zu haben, an der Historie teilgenommen zu haben. Und das für künftige Generationen!

An einem der nächsten Tage kam ein Kriminalbeamter zu mir in die Redaktion, artig mit Voranmeldung, und fragte mich unter anderem, während er protokollierend mitschrieb, ob ich denn in Ausübung meines journalistischen Berufs an der Esslinger Demonstration teilgenommen hätte.

»Ach Gott, das kann ich so nicht sagen«, sagte ich. »Eher als Zuschauer.« Denn für die Berichterstattung sei wohl die Lokalredaktion da gewesen. Der Kriminalbeamte wiegte bedächtig den Kopf. Das sei aber wichtig, in welcher Funktion ich in Esslingen gewesen wäre. Schließlich sei dort Landfriedensbruch verübt worden. (Damals herrschte noch das alte Landfriedens- und Demonstrationsrecht.) Ich sagte, das sei mir egal. Schließlich sei ich von einem Hund angefallen und mein Babysitter sei sechzehnmal gebissen worden. Der Beamte verabschiedete sich höflich.

Etwa ein Jahr später erhielt ich eine Mitteilung von der Staatsanwaltschaft. Das Verfahren gegen mich wegen Landfriedensbruchs sei eingestellt worden.

Wie mich **Benno Besson** zurück nach Sezuan schmuggelte

In den sechziger Jahren und Anfang der siebziger war das »BE«, das als Brecht-Theater legendäre Berliner Ensemble, das Wallfahrtsziel aller Theatergläubigen und Religionsangehörigen des fast allein seligmachenden »epischen Theaters«. Zwar war Brecht tot, aber seine Witwe Helene Weigel, schon zu seinen Lebzeiten die eigentliche Prinzipalin des Theaters, und vor allem seine Jünger, Brecht-Schüler genannt, alle mehr oder weniger im proletarisch-maoistischen Schick gewandet, wie der Meister zu Lebzeiten, hüteten die Flamme. Sie inszenierten sein Werk für die »Kinder des technischen Zeitalters« buchstabengetreu nach der Schrift. Zwar waren einige der Musterschüler nach dem Mauerbau im Westen geblieben, trotzdem blieb das BE das Mekka des modernen Theaters. Es hatte den Schönheitsfehler, dass es nahe der Mauer lag, einen Steinwurf vom Bahnhof Friedrichstraße entfernt, aber wer hätte damals schon gewagt, nahe der bestbewachten Grenze der Welt (die, weil »Friedensgrenze« genannt, waffenstarrend behütet wurde) mit Steinen zu werfen? Und was bedeutete die hässliche, an einen Balkan-Polizeistaat mit sächsisch-preußischen Kommissköppen erinnernde Realität, angesichts der schön beschworenen Theater-Utopie, die sich am Schiffbauerdamm auftat, sobald die Neher-Gardine mit Picassos Friedenstaube sich öffnete?

Irgendwann, in einem windig-nassen, zugigen Monat des Jahres 1970 (das Wetter machte die Grenze noch abscheulicher) hatte ich (damals Theaterkritiker der ZEIT) den demokratischen Sektor Berlins via S-Bahnhof Friedrichstraße betreten, hatte meinen Ausweis abgegeben, meine Nummer bekommen, hatte mit dem penetranten Lysol-Geruch das unverkennbare Aroma des Sozialismus eingeatmet und war von gestiefelten Grenzpolizisten sanft, aber herrisch geschurigelt worden, hatte mich dem kafkaesken Aufrufsystem der Nummern, dieser Lotterie des leisen Terrors, fatalistisch gefügt (»Um Gottes willen! Jetzt sind schon 100 Nummern über meiner dran! Und ich noch nicht! Was habe ich verbrochen? Was falsch gemacht?«) – und war durch! Über der Grenze und da.

Diesmal blieb ich allerdings nicht am Schiffbauerdamm, sondern ich strebte durch die dunkle, schlecht beleuchtete, eigentlich menschenleere

Nacht, vorbei an Häusern mit blinden Fenstern und zerbröselten Grau-in-Grau-Fassaden zur Volksbühne. Ost-Berlin zu betreten, war für einen Westler immer wieder ein Schock, bei dem er tapfer schlucken musste, um zu dem Glauben zurückzufinden, das fortschrittlichere, zukunftsweisende Theater müsste auch in einer zukunftsorientierteren Welt stattfinden. Ich strebte zum »Guten Menschen von Sezuan«. Benno Besson, Schweizer, einer der begabtesten Brecht-Schüler, bei aller Werktreue witzig, weltläufig und dem Meister nicht so sklavisch knochentrocken über den Tod hinaus ergeben wie etwa der Bürokrat Wekwerth, hatte die »Sezuan«-Utopie, dass die Welt durch den Sozialismus besser werden müsste, an der Volksbühne inszeniert. Wunderschön hell und leicht, voll tänzelnder Ironie.

Warum an der Volksbühne und nicht am BE? Keine Ahnung! Vielleicht war er damals bei den Brecht-Erben in Ungnade. Vielleicht – cherchez la femme! – weil er seine Frau Ursula Karusseit als Shen Te besetzt hatte. Jedenfalls war die Aufführung beeindruckend, ich sagte das Besson, der mich nach der Vorstellung abfing (»Wie fanden Sie's?«) und mir vorschlug, nachher noch in der »Möwe«, dem vornehm verschlissenen Künstlerlokal Ost-Berlins, gemeinsam etwas zu trinken.

So machten wir's. Er war, damals achtundvierzig, ein freundlicher, eleganter, weltläufiger Mensch, leise gescheit, witzig. Wir aßen, tranken, die Zeit verging wie im Fluge, jedenfalls war es auf einmal kurz nach zwölf. Ich hatte die Zeit zur Rückkehr verpasst. »Sie haben nur ein Tagesvisum?«, in ziemlicher Panik packte mich Besson in sein Auto und fuhr im Eiltempo zum Übergang Checkpoint Charlie, den er als Schweizer benutzen durfte. Die Friedrichstraße, für mich Deutschen, war schon dicht. Zwei Grenzer, Offiziere, stellten sich breitbeinig, breitstiefelig vor uns hin, um dann Besson, den berühmtesten Regisseur der DDR, ein Aushängeschild der sozialistischen Kultur, wie einen ungeschickten Rekruten runterzuputzen. Er nickte dazu ergeben mit dem Kopf. Dann war ich »draußen«.

Ich erinnerte mich, dass im Foyer der Volksbühne lauter symbolische Weltkarten gehangen hatten. Weite Teile der Welt waren schwarz; und das hieß, wie eine Karten-Legende erläuterte: finster ausbeuterischer Kapitalismus, in dem es Gute nur als Maske gab. Und die sozialistischen Länder von der DDR über die Sowjetunion (»Ein Sechstel der Erde!«) bis Nordkorea waren rot; und rot war auch Kuba, dicht neben den USA. Hier war »Sezuan« mit seiner Ausbeutung, Korruption, Religion und Prostitution überwunden. Dennoch: Wie war ich in dieser Nacht heilfroh, wieder in Sezuan zu sein. Heiliger Brecht!

Als ich wegen einer Papaya **Thornton Wilder** kennen lernte

Anfang der Siebziger unterrichtete ich in den Sommermonaten am Middlebury College in Vermont. Ich flog dazu von Hamburg nach New York, und dann fuhr ich mit dem Greyhound-Bus erst durch die verwüsteten und verfallenen Industrieviertel um New York, dann sechs Stunden durch die wunderschöne Neuengland-Landschaft. Im Bus fuhren damals meist nur Angehörige einer mobilen Unterschicht, Menschen »on the road«, und ab und zu Sheriffs mit einem Strafgefangenen. Man erkannte das daran, dass sie ihre Gefangenen, mit denen sie sich durchaus normal und freundlich unterhielten, mit Handschellen an sich gefesselt hatten.

In New York wohnte ich vor meiner Vermont-Reise immer ein, zwei Tage im Algonquin-Hotel im Herzen Manhattans. Das Algonquin war von düster verschlissener Pracht mit roten gemusterten Seiden-Tapeten in dem fensterlosen Restaurant, Zimmer, deren Fenster auf finstere Hinterhöfe blicken ließen, und an denen die Jalousien schräg und unbeweglich herumhingen; kleine Schwarzweißfernseher im Zimmer gaben eigentlich nur Krächzlaute und Schlierenbilder von sich.

Das Algonquin war in den dreißiger und vierziger Jahren New Yorks berühmtestes Literatenhotel, weil Journalisten und Schreiber, die so genannten Ritter der Algonquin-Tafelrunde, von denen immer noch Karikaturen an den Wänden hingen, hier ein und aus gingen. Als ich dort war, hatte es bereits bessere Tage gesehen. Peter Handke hat, wie seinem »Kurzen Brief zum langen Abschied« zu entnehmen ist, hier nicht nur geschlafen, sondern auch, wie er schreibt, einsam in der Badewanne onaniert.

Ich wohnte damals in einem heißen New Yorker Juli mit meinem dreizehnjährigen Sohn Daniel im Algonquin und genoss die funktionierende Klimaanlage im Fenster, die allerdings so groß war, dass noch weniger Licht in die kleinen Zimmer dringen konnte. Ich hatte für meinen Sohn, weil er ja »halber Südamerikaner« war, um die Ecke Papayas und Mangos gekauft, Früchte, die es damals in Deutschland noch nicht gab, ebenso wenig wie Limonen, die ich bestaunte, wenn der Barmixer sie in die Cocktails tat: Das war die große weite Welt. Daniels Mutter war Venezolanerin und hatte in Deutschland immer von Mangos und Papayas geschwärmt, sie nannte ihren Sohn zärtlich »ihren Mango«.

Im Hotelzimmer zurück, merke ich, dass ich ohne Messer weder die Papaya noch die Mango würde präparieren können. Ich ging also (es war inzwischen gegen zehn Uhr abends) in die Hotelbar. Hier wurden atemberaubende Manhattans serviert, der irischstämmige, robuste Barmixer erzählte von Literaten und schwärmte nostalgisch von den Brooklyn Dodgers: Er war ein Baseball-Experte, und was immer er mir auch fachkundig erklärte, wenn keine besseren Kunden da waren: Ich verstand von dem Spiel nichts. Ich borgte mir von ihm ein großes Messer, mit dem er Ananas, Orangen, Zitronen und Limonen für seine Cocktails zerlegte.

Ein Gast, ein älterer Herr, der in der noch spärlich besetzten Bar saß, fragte mich: Mein Gott, was wollen Sie mit dem Messer machen? (Damals konnte man über Messer in New York noch Witze machen.) Der ältere Herr sprach übrigens ein sehr gepflegtes, wie mir schien, etwas affektiertes Englisch. Ich erzählte ihm von der Mango, der Papaya und meinem Sohn, er lachte höflich.

Als ich das Messer zurückbrachte, saß er immer noch da und fragte mich, ob ich mich nicht für einen Augenblick an seinen Tisch setzen wolle. Ich erzählte ihm, dass ich in Middlebury deutsche Literatur unterrichte, er erzählte mir, dass er in Harvard Literatur lehre. Wir kamen ins Gespräch, und wir unterhielten uns lange. Irrsinnigerweise erzählte ich ihm irgendwann etwas von Nestroy, mit dem ich mich damals viel beschäftigte, und wollte ihm gerade erklären, dass der ein Wiener Autor sei, ein sprachverliebtes Genie, ein Aristophanes und Shakespeare im Wiener Tonfall, da unterbrach mich mein Gesprächspartner und sagte: »Ich kenne Nestroy. Ich liebe Nestroy!«

Ich war wie aus dem Häuschen. Mitten in Manhatten jemand, mit dem man sich über Nestroy unterhalten konnte! Er sagte bescheiden, schließlich sei er Literaturwissenschaftler, wenn auch emeritiert.

Als ich mich eine Stunde später von ihm verabschiedete, sagte ich, dass ich aus Hamburg sei und dort bei einer Zeitung arbeite. Ich hätte einen tschechischen Namen und buchstabierte ihn. Der ältere Herr sagte: »Gute Nacht, Mr. Kärasick? Is that correct?«, und stellte sich zum Abschied vor: »My name is Thornton Wilder.« »Thornton Wilder?«, fragte ich, und auf einmal war mir klar, warum der ältere Herr Nestroy gekannt hatte. Wilder hatte Nestroys Posse »Einen Jux will er sich machen« zu einem amerikanischen Stück, »The Matchmaker« (»Der Heiratsvermittler«), umgearbeitet. Aus dem Wilder-Stück wurde eines der erfolgreichsten Musicals: der Broadway-Hit »Hello Dolly«, der 1969 verfilmt wurde.

Ich stürzte zu meinem Zimmer hoch, denn ich hatte, um während meiner Zeit in Middlebury Daniel Englisch beizubringen, ein Taschenbuch von Wilders »Our Little Town« dabei. Ich fuhr mit dem Fahrstuhl zurück zu ihm, sagte, dass ich ihn als Amerikanisch-Lehrer für meinen Sohn bemühe und ließ mir ein Autogramm in das Buch schreiben. Mit zittrig akkurater Schrift widmete Wilder meinem Sohn das Buch.

Wie ich mit **Otto Sander** und **Bruno Ganz** finnisches Bier trank

Das kannte ich schon aus dem Kino oder vom Theater: die wunderbare, Hass erfüllte, liebevolle unzertrennliche, ständig in der Zerreißprobe stehende Beziehung zwischen den Helden oder jugendlichen Liebhabern (um es als altmodisches Rollenfach zu benennen) und dem Komiker, dem Clown, dem »Kleinen Mann, was nun?«. Jack Lemmon und Tony Curtis waren ein solches Paar in »Some Like It Hot« und vor allem bei den Dreharbeiten, bei denen der maskuline, gut aussehende Curtis Höllenqualen erlitt, wenn er Frauenfummel und High-Heels tragen musste und der überquirlte Jack Lemmon sich nicht genug in den Übertreibungen einer Diva mit Hut und Busenausschnitt suhlen konnte.

Heinz Rühmann, der den Spaßvogel und das Stehaufmännchen neben dem Schürzenjäger und

»Hoppla, jetzt komm ich«-Draufgänger Hans Albers spielte, konnte sich noch sechzig Jahre später nicht genug darüber aufregen, was doch der Albers für ein Angeber gewesen sei, unangenehm, lächerlich. Und wie er, Rühmann, sich gefreut habe, diebisch gefreut, als dem Sex-Protz Albers bei den Dreharbeiten zu »Bomben auf Monte Carlo« beim Sprung ins Wasser das Toupet abhanden gekommen sei; das Toupet schwamm allein und Albers mit Halbglatze auch allein. Köstlich, wie Rühmann fand.

Jetzt aber Finnland. In der Zeit, als die Goethe-Institute noch Geld hatten und Geld und Ideen haben mussten, weil sie sich im Ausland in einem Wettbewerb mit den DDR-Auslandsinstituten befanden, also auch und zum Beispiel 1972, war die »Schaubühne« (damals noch am Halleschen Ufer) mit zwei Aufführungen nach Helsinki eingeladen. Einmal mit Peter Handkes »Ritt über den Bodensee«, zum anderen mit der noch aus Bremen übernommenen Peter-Stein-Inszenierung »Torquato Tasso«. Ich war damals Theaterkritiker der ZEIT und auch eingeladen. Zu einem Vortrag vom Goethe-Institut. Im novemberlich eiskalten Helsinki bewunderte ich mit frostroter Nase die trotz Winterlicht hellen, damals zukunftsweisenden Theaterbauten (zum Beispiel von Aaltonen), wunderte mich über die in der Sauna baumelnden Würste, die man mit Schnaps und Bier schwitzend zu sich nahm und sah an einem Abend ein Theaterstück von Hella Wuolijoki, das »Sahanpuruprinsessa« (deutsch: »Die Sägemehlprinzessin«) hieß und das Brecht für sein Stück vom Gutsherren, der besoffen ein guter Mensch und nüchtern ein Schwein ist, gnadenlos abgekupfert haben soll. Titel: »Herr Puntila und sein Knecht Matti.« Richtig erhellende Vergleiche konnte ich dann doch nicht anstellen, da die Aufführung mich in ihrem Stil an eine Ohnsorg-Theater-Vorstellung erinnerte und ich außerdem kein Wort Finnisch verstand – von »prinsesse« gleich »Prinzessin« abgesehen.

Und dann die theaterfreien und vortragsfreien Abende! Vor den wenigen Kneipen, in denen Bier ausgeschenkt wurde, standen Schlangen und die Gäste wurden von drohenden Türstehern einer strengen Gesichtskontrolle unterzogen: Man wollte den Alkoholkonsum, auch den der russischen (damals: sowjetischen) und schwedischen Gäste drosseln.

Eines Abends saß ich mit Bruno Ganz (dem Tasso) und Otto Sander (er spielte im »Ritt über den Bodensee«) spät, nach dem Essen und vor dem dritten oder vierten Bier, in einem Restaurant. Soweit ich mich erinnere, war es eine Art Wintergarten mit trüben Scheiben, und auch wir waren, durch den finnischen November und das Bier, nehme ich an, ziemlich melancholisch. Auch Bruno Ganz. Obwohl Otto Sander, damals zweifellos der Komiker in der Paarung, ihn dauernd anmachte und darüber räsonierte, was Ganz als »Held« immer für einen Schlag bei den Frauen hätte. Dagegen er! Dabei schlug mir Otto Sander ab und zu solidarisch auf die Schulter, als hätte ich es nötig.

Bruno Ganz sprach, wenn, dann leise, lächelte aber meist mit feiner Traurigkeit und leicht zur Seite geneigtem Kopf in sein Glas. Er schien gar nicht zu bemerken, dass die weißblonde Kellnerin (finnisch und wasserstoffsuperoxydblond) ihn, im Unterschied zu uns, einladend anlächelte. Aber vielleicht bemerkte er es auch und wollte nicht, dass wir bemerkten, dass er es bemerkte. Auch andere hübsche Frauen an anderen Tischen fühlten sich offenbar von seiner stillen melancholischen Aura angezogen und suchten seinen Blick-Kontakt. Otto Sander stubste mich an: »Sehen Sie, sehen Sie, nicht mal das merkt er!«

Heute ist das anders, und Rollenfächer gibt es schon lange nicht mehr. Und einmal im Jahr erzählen Otto Sander und ich uns die Finnland-Geschichte im »Weißt du noch«-Tonfall: Wie wir fast eine finnische Kellnerin kennen gelernt hätten, die aber nur Augen für Bruno Ganz hatte. Und wie wir deshalb noch ein Bier mehr getrunken hätten, aber Bruno Ganz merkwürdigerweise auch.

Wie **Peter Handke** einmal **Helmut Lohner** erschreckte

Zu den Salzburger Festspielen 1973 fuhr ich zum letzten Mal für die ZEIT, und als ob ich geahnt hätte, dass mir ein wichtiger Abschied bevorstünde (ich ging im folgenden Jahr zum SPIEGEL, um dort zweiundzwanzig Jahre zu bleiben), schrieb ich einen sehr elegischen Artikel, der die Überschrift »Lauter letzte Tage« trug. Nun gehört ein (barock eingefärbtes) Vergänglichkeitsgefühl ohnehin zu Salzburg, auch die wilde Lebenslust Mozarts (lange als heiteres Rokoko verkannt) hat hier ihre Wurzeln, und wer beim »Rosenkavalier« und beim »Jedermann« nicht an Vergehen und Abschied, »Ja, die Zeit!«, denkt, ja dem ist ohnehin nicht zu helfen. Vergänglichkeit aus schönstem Stein (der Dom, die Festung, die Gassen, die Mauern) und schönster Musik. Und dazwischen die Schlemmer der Gegenwart, die Festspieltouristen, die sich für viel Geld die Schauer der Vergänglichkeit über den Rücken jagen lassen.

Am ersten Abend hatte Helmut Lohner Premiere. Der brillant feinnervige Schauspieler, ein Bündel an Empfindungen (ich werde seinen Ferdinand in Kortners »Kabale und Liebe« nicht vergessen, wo er die naive Dummheit und Weltfremde des »teutschen Jünglings« rührend und erbarmungslos enthüllte) spielte den Titus Feuerkopf im »Talisman«, der sich mittels Perücke gegen die Vorurteile der Welt tarnt und für das berühmte Couplet »Ja, da hab i scho gnu!« hatten er und sein Regisseur Otto (»Otti«) Schenk (auch ein begnadeter Nestroy-Spieler) wie üblich ein paar zeitkritische Strophen hinzugedichtet. In einer davon machten sie sich, unter dem Jubel des Premierenpublikums, über die Misanthropie und den Grobianismus des damals noch als Ärgernis quietschlebendigen Thomas Bernhard lustig.

Ich hatte am frühen Nachmittag Lohner im Café Bazar getroffen, wo auch Peter Handke saß. Und dabei hatte ich erfahren, dass Lohner am Tag darauf Handke-Texte für den Rundfunk oder eine Sprechplatte lesen sollte und wollte. Beide waren ein Herz und eine Seele, voll gegenseitiger liebevoller Bewunderung.

Dann kam die Premiere und nach der Premiere die Premierenfeier, die, weil die Premiere ein rauschender Erfolg war, auch rauschend wurde. Und da saß irgendwo auch Handke und ein harter Kern feierte noch sehr lange in einem Beisel, das, wie das Landestheater, auf der rechten Seite der Salzach lag.

Irgendetwas zwischen Helmut Lohner und Peter Handke muss ich verpasst haben, aber als ich am nächsten Morgen wach wurde, war es nicht durch den erwarteten Weckruf im Hotel »Bristol«, das ich schon deshalb liebte, weil man über den Hof tagsüber die Klavieretüden und die Gesangsübungen aus dem nahe gelegenen »Mozarteum« durchs Fenster hörte. Die Zimmer waren damals noch, falls der August schön war, unerträglich heiß, es gab keine Klimaanlage und mein Kopf war durch die ausdauernde Premierenfeier noch ziemlich dumpf und schwer.

Am anderen Telefonende (es war, wie sich herausstellte, kurz nach acht Uhr) ein aufgeregter Helmut Lohner, der sich zunächst leise und stockend – er war eigentlich immer leise und stockend – entschuldigte, dass er mich so früh anrufe. Aber es sei etwas Schreckliches, ja Unerwartetes passiert. Er, Lohner, habe in aller Herrgottsfrüh einen Anruf von Peter Handke erhalten. Handke sei voller Empörung und Zorn gewesen. Und habe ihm die gemeinsam vorgesehene und fest geplante Sprachaufnahme abgesagt. Ja! Pause.

Auf mein »Warum, um Gottes willen?«, erzählte mir Lohner, es sei wegen des Nestroy-Couplets. Ob ich mich an die Strophe über Thomas Bernhard erinnere? Ich erinnerte mich. Handke, erzählte Lohner, habe sich über diese »Gemeinheit« geärgert. »Niedrig« sei es, habe Handke gesagt, »niedrig«, sich derart banausisch über einen großen Dichter mit allen spießigen Vorurteilen herzumachen. Ja, »niedrig«. Und deshalb habe Handke die Sprachaufnahme abgesagt. Und was er, Lohner, denn jetzt machen solle?

Wenn ich mich recht erinnere, habe ich ihm zum Abwarten geraten. Und dass er zur Aufnahme gehen solle, als wäre nichts geschehen. Im Stillen habe ich auch für einen Augenblick gedacht, dass Handke den Couplet-Angriff auf Thomas Bernhard als »niedrig« empfand, weil nicht er, Handke, das Ziel des Spotts war, sondern der offenbar noch berühmtere Kollege Bernhard. Doch dann schob ich meinen Gedanken als »niedrig« beiseite.

Wie ich mit **Romy Schneider** Silvester feierte

Von 1969 bis 1973 war die Wiener Schauspielerin Gertraud Jesserer von Ivan Nagel, der eine glückliche Hand für die Verpflichtung von Schauspielerinnen und Schauspielern hatte, ans Hamburger Deutsche Schauspielhaus engagiert worden. Diese wunderbare Schauspielerin, die über eine reiche, widersprüchliche Gefühlsskala verfügte, die von triebhafter, ursprünglicher Kraft bis zur zartesten, verschwebenden Poesie reichte, Kobold und kleines Mädchen, Volksschauspielerin und Artistin der Seelenkunde in einem, habe ich bewundert, ja geliebt. Besonders als sie in meinem Lieblingsstück meines Lieblingsautors Nestroy auftrat, im »Talisman« als die »Gänsehüterin« Salome Pockerl, ein rothaariges Mädchen voller Unschuld, Witz, Naivität und angeborener Lebensklugheit, ein Wesen, dessen unschuldige Herzensbildung sich in einer gespreizten, gestelzten Welt auf das Schönste entfaltet. In der »Posse mit Gesang« findet sich auch eine der wortreichsten Umschreibungen der einsilbigen Eigenschaft »tot«. Auf die Frage der vornehmen Frau von Cypressenburg an den Helden, ob sein Vater auch Jäger sei, antwortet er, um hochzustapeln: »Nein, er betreibt ein stilles, abgeschiedenes Geschäft, bei dem die Ruhe das einzige Geschäft ist; er liegt von höherer Macht gefesselt, und doch ist er frei und unabhängig, denn er ist der Verweser seiner selbst – er ist tot.«

Obwohl Jesserer nur bis Ende 1973 in Hamburg engagiert war, bin ich ziemlich sicher, dass ich in ihrer Wohnung (einer Hamburger Neubauwohnung im ersten Stock eines Zweifamilienhauses in einem Außenbezirk) und im Kreise ihrer Familie mit ihrem Mann Peter Vogel und ihren Kollegen 1974 Silvester feierte – und dabei auch Romy Schneider wieder traf. Romy Schneider war damals ein Weltstar, von Deutschlands Kritikern allerdings mit gerunzelter Stirn und herabgezogenen Mundwinkeln dem französischen Kino und damit der platten Unterhaltungsindustrie zugeordnet. Ihr Ehemann Harry Meyen war ein populärer Berliner Boulevard-Schauspieler, der damals gerade die »Ehre« hatte, am Hamburger Schauspielhaus zu inszenieren, zu spielen, ein Wechsel von »U« zu »E«. 1974 war auch das Jahr des Schneider-Films »Trio Infernal« (mit Michel Piccoli). Über den Film schrieb ich damals im SPIEGEL und hatte dabei auch Romy Schneider bei einem Interview kennen gelernt. Ein paar Wochen später hatte ich ihre Mutter, Magda Schneider, im D-Zug zwischen Dortmund und Berlin gesehen, und als ich am Abend darauf ihre Tochter Romy bei der Party des Hamburger Rechtsanwalts Dr. Senft sah, habe ich sie darauf angesprochen. »Ich habe Ihre Mutter im Zug gesehen«, sagte ich. Romy Schneider, die sich bis dahin freundlich mit mir unterhalten hatte, wurde plötzlich so frostig, dass ich schnell das Thema wechselte und ihr gegenüber ihre Mutter nie wieder erwähnte.

Für viele der damaligen Gäste der Silvesterparty 1974 gilt heute, wie ich nicht ohne Wehmut sagen muss, die Nestroy-Formulierung vom »stillen abgeschiedenen Geschäft«, viele sind inzwischen »Verweser ihrer selbst«: Romy Schneider und Harry Meyen, Jesserers Ehemann Vogel, ein kraftvoller Schauspieler im Schatten seines berühmten Vaters, Rudolf Vogel, und schrecklicherweise auch Nick Vogel, ihr Sohn, damals noch ein Kind, der als Fotojournalist im Jugoslawienkrieg sinnlos auf einem Flugplatz ums Leben kam, ermordet wurde.

Damals spielten wir alle noch menschliche Komödien. Ich war eingeladen, weil ich als Geschiedener nicht allein bleiben sollte, und ich erinnere mich noch, wie ich neben Romy Schneider (und vielen anderen) nach dem Essen auf dem Boden hockte, und sie mir begeistert von einem Film erzählte, der gerade in Paris angelaufen sei, und den ich unbedingt sehen müsse. Ihr Mann Harry Meyen hockte stumm neben uns, etwas schwermütig, dumpf in sich gekehrt und sagte plötzlich in eine Pause hinein: »Du weißt doch, Romy, was wir uns versprochen haben?! Wenn einer von uns beiden gehen will, dann gehen wir beide.« Ich war etwas betreten, Zeuge dieses Schwächeanfalls zu sein, Romy Schneider sagte etwas von Silvester. Wir unterhielten uns weiter über das Kino, aber genau weiß ich es nicht mehr, weil ich vor allem das wunderbare, weiche, gutturale Wiener Timbre ihrer Stimme im Gedächtnis habe, eine wirklich begnadete Stimme.

Kurz darauf klingelte es, mit lautem Hallo wurden Helmut Griem und Gisela Stein (auch dies zwei wundervolle Schauspieler, die damals in Hamburg spielten) begrüßt, die jetzt erst dazustießen, weil sie bis dahin Vorstellung gehabt hatten. Jedenfalls waren Romy Schneider und Griem bald in einem lebhaften Gespräch, so dass Harry Meyen schließlich resigniert aufstand und alleine nach Hause ging. Wir anderen blieben hocken, tranken, rauchten, erzählten uns Theater- und Filmgeschichten, lachten laut und übermütig.

Etwa eine Stunde später klingelte das Telefon. Helmut Griem ging ran, legte den Hörer neben das Telefon und sagte mit rollenden Augen: »Romy, für dich! Dein Mann!« Romy Schneider kam kurz darauf zurück. Sie war bleich, sagte, während sie schon ein Taxi bestellte und sich den Mantel anzog, sie müsse jetzt nach Hause. Gleich. Sofort. Auf die Frage: warum?, sagte sie, dass Harry Meyen Tabletten genommen habe.

Das war 1974, das heißt in der ersten Stunde des 1. Januar 1975, glaube ich. Im gleichen Jahr wurde die Ehe geschieden. 1979 nahm sich Harry Meyen das Leben, betrieb sein »stilles, abgeschiedenes Geschäft«. Romy Schneider, die Sissi verlassen hatte, um dann nach Deutschland als eine gereifte, total veränderte große Darstellerin wiederzukommen, ohne hier je wieder zu Lebzeiten wirklich wahrgenommen zu werden, schied 1982 aus dem Leben.

Wie mir **Biermann** ein paar Quadratmeter DDR verkaufte

Am 13. November 1976 begann der Barde und DDR-Liedermacher Wolf Biermann eine Tournee durch die (von ihm) so genannte Be-er-De mit einem Konzert in Köln. Er hatte, nach vielen Querelen mit seinen DDR-Behörden, ein Visum für seine bundesrepublikanischen Auftritte erhalten und das – wie die kleine große Welt des Kalten Kriegs und der anschließenden Koexistenz erfuhr – mit dem Ziel, den schnauzbärtigen Protestsänger nicht mehr in die DDR zurückreisen zu lassen. Das war 1976 ein ziemlich spektakuläres Ereignis – im Rückblick (und so geht das mit der Geschichte) aber ein Sturm im Wasserglas: Man kann sich, selbst wenn man Biermann ist, seine historische Rolle nicht aussuchen, und für die deutsche Geschichte, die Existenz zweier deutscher Staaten und die Auflösung der DDR war die Biermann-Ausbürgerung, rückblickend gesehen, nur ein Aperçu.

Biermann also blieb, notgedrungenermaßen, im Westen, was er wie eine Gefängnisstrafe darstellte: Er sei vom »Regen in die Jauche« gekommen, und das, obwohl ihn doch die meisten seiner Ex-Landsleute um diese Exilierung glühend beneideten. Und dann stand er auf der Bühne, die Gitarre in der Hand, und zeichnete sich mit Hand und Fuß pantomimisch ein kleines Territorium, er machte das, wie Kinder »Himmel und Hölle« mit dem Schuh in den Boden kratzen: »Hier, das ist die DDR«, ein Territorium, das er pathetisch vorgab nicht verlassen zu wollen.

Man merkt schon: Ich war kein besonders glühender Anhänger des Schrumm-Schrumm-Gitarristen, der so dichtete und sang, als sei der Dreißigjährige Krieg gerade vorüber, und der so etwas wie ein Brecht fürs Grobe war (ich gebe zu: Ich konnte auch sein Vorbild, den jaulenden Bob Dylan nicht ausstehen, es gab ja damals schließlich wirklich gute Musik, auch mit Gitarre). Aber sein Zwangsverbleib in Westdeutschland war dennoch eine Sensation. Und so schickte mich der SPIEGEL zusammen mit dem politischen Redakteur Karlheinz Vater, Leiter des Ressorts Deutschland, nach Köln zu einem Biermann-Interview.

Wir, zwei SPIEGEL-Redakteure, zwei STERN-Redakteure und Heidi Wieczorek-Zeul, saßen also am Nachmittag in Köln, in einem Vorraum der Bar des »Dom Hotels« und warteten darauf, zu

Biermann gefahren und vorgelassen zu werden. Den nämlich hatte Günter Wallraff unter seine Fittiche genommen und versteckte ihn in einer (seiner?) Wohnung. Uns hatte er signalisiert, dass wir mit dem Auto abgeholt würden, um zu dem geheimen Aufenthaltsort von Biermann gebracht zu werden. Wieczorek-Zeul kam als politische SPD-Sympathisantin, wir Journalisten vom SPIEGEL und STERN als Erst-Interview-Suchende. Und wir hatten gute Chancen: Schließlich zählten wir nicht zur (klassen)-feindlichen Springer-Presse.

Nach einigen Stunden Wartens wurde uns die Adresse durchtelefoniert, wir fuhren mit zwei Taxis hin und wurden in einer Kölner Vorstadt-Wohnung von Wallraff empfangen. Dass man uns während der Fahrt die Augen nicht verbunden hat, war ein Wunder. Wir wurden in eine Wohnung verbracht, in der uns der nicht nur vor Aufgeregtheit und historischer Bedeutsamkeit schielende Wallraff auf diverse Zimmer verteilte: In eins den STERN, in eins den SPIEGEL und zu Biermann die »rote Heidi«. Sie hatte wirklich wunderbar hennarote Haare.

In den folgenden Stunden (wir saßen wie im Wartezimmer beim Zahnarzt) hüpfte Wallraff von Zeit zu Zeit in unser Zimmer: Der STERN habe soundsoviel für ein Exklusiv-Interview geboten. Biete der SPIEGEL mehr? Seine Versteigerung verbrämte er mit der Feststellung, Biermann müsse schließlich im Westen eine neue Existenz gründen. Zwischendurch durften wir – Handys gab es noch nicht – von einem Telefon in einem neutralen Zimmer mit unserer Redaktion über den Versteigerungswert verhandeln. Es ging um für damalige Verhältnisse ungewöhnliche – fünfstellige – Summen. Uns ging es natürlich um Information, Politik, und »Wer ist der Erste?«.

Der SPIEGEL hat gewonnen. Wir bekamen den Zuschlag. Und ein Interview, in dem Biermanns voller Schmerz über die Ausbürgerung am spontansten zum Ausdruck kam. Er war quirlig, temperamentvoll, in seinem Trennungsschmerz in bester übermütiger Laune. Mehr als vier Quadratmeter DDR waren ihm nicht geblieben.

Wie **Walter Schmidinger** meinen Studenten in Göttingen eine Privatvorstellung gab

Walter Schmidinger ist einer der wenigen Schauspieler, den man, ohne zu zögern, »begnadet« nennen darf, wobei man sich darüber klar sein muss, dass »begnadet« immer auch »verflucht« heißt und bedeutet: Gnade und Fluch sind zwei Seiten der gleichen Medaille, und so folgten Schmidingers Triumphen in den siebziger Jahren immer auch schmerzliche Abstürze, Zusammenbrüche auf offener Bühne; große Kunst ist immer auch ein Pakt mit dem Teufel (der im Falle Schmidingers wie in so vielen Fällen auch mittels Alkohols unterschrieben und geschlossen wurde). Und klar ist auch: Wer wie Schmidinger so empfindlich feinnervig in die Abgründe und Klüfte der Psyche blicken kann, der muss nicht nur ohne Furcht sein, der droht auch von Zeit zu Zeit ins Bodenlose der Angst zu fallen.

»Auswendig seh ich einem lustigen Kerl gleich.« Diese Selbstbeschreibung Nestroys ist mir bei dem Österreicher Schmidinger, bei dessen großen, lustig erschrockenen Kinderaugen hinter der dicken Brille immer wieder eingefallen: Der Schauspieler, der oft hilflos wirkte, wie der Welt ausgeliefert durch Verletzlichkeit und Schüchternheit (die ihm etwas Ungelenkes gab) überspielte das durch einen beißenden Witz und eine explosive Fröhlichkeit; er hatte die dünne Haut der Rothaarigen.

Mitte der siebziger Jahre hatte ich für ein Semester eine Gastprofessur in Göttingen und fuhr jeden Montagnachmittag (der Montag ist der ruhige SPIEGEL-Tag, ich war damals dort Kulturressortleiter) mit dem D-Zug von Hamburg nach Göttingen und spät am Abend wieder zurück. Zwischendurch hielt ich eine zweistündige Vorlesung. Das Thema: Das Volksstück von Nestroy und Raimund bis zur Gegenwart. Gegenwart, das hieß damals Ödön von Horváth und Marieluise Fleißer und deren Enkel. Und die hießen Franz Xaver Kroetz, Martin Sperr, Rainer Werner Fassbinder. Diese kritischen, gesellschaftskritischen Volksstücke (vor allem Sperrs »Jagdszenen aus Niederbayern«) waren damals als Gegenbewegung gegen das allgegenwärtige, allmächtige Brecht-Theater – en vogue –, Brecht hatte allerdings, zum Beispiel mit der »Kleinbürgerhochzeit«, selbst so etwas wie ein Volksstück geschrieben. In den Münchner Kammerspielen spielte Schmidinger in dem Einakter »Heimarbeit«, ein Stück in der »Woyzeck«-Nachfolge von Franz Xaver Kroetz, einen debilen Mörder. Zum ersten Mal sah man in einem renommierten Stadttheater einem Schauspieler auf offener Bühne beim Onanieren zu. Die Aufführung war einer der Riesen-Skandale der Siebziger. Wütende Zuschauer traten die Glastüren im Foyer der Kammerspiele ein. Mit einem Riesenschritt betrat das Theater eine neue Epoche. Wie kurz darauf das Hamburger Schauspielhaus, ebenfalls mit einem Kroetz-Stück, »Stallerhof« mit der nackten Eva Mattes.

An einem Montag im Mai stieg ich also in den Zug und traf in einem Abteil Walter Schmidinger, der damals auch in Hamburg spielte. Wir kannten uns von Premierenfeiern, er kannte mich durch meine begeisterten Kritiken, die ich über ihn geschrieben hatte, schreiben musste – es ging gar nicht anders. Wie jeder Schauspieler mochte er einen Kritiker, der ihn vorbehaltlos lobte, aber wahrscheinlich mochten wir uns auch sonst, weil der eine (ich) Nestroy und Horváth liebte wie der andere (Schmidinger), der sie im Unterschied zu mir auch noch spielen, also verlebendigen konnte.

Schmidinger fragte mich, wo ich denn hinfahre, und als ich ihm sagte, dass ich in Göttingen gerade vor Studenten über Nestroy und Raimund sprechen würde, sagte er: »Da komme ich mit!« Und: »Wenn du willst, spiele ich den Studenten ein bisschen was vor!« Und wie ich wollte! Es mag sein, dass Schmidingers freundliche Spontaneität auch daher rührte, dass wir beide inzwischen im Speisewagen ein Glas Wein (weiß) getrunken hatten. Jedenfalls unterbrach er seine Fahrt nach München.

Ich habe ihn dann voll Stolz meinen Studentinnen und Studenten vorgestellt, und er hat wunderbar erzählt und herrlich rezitiert und gespielt. Und falls die Studenten vorher noch nicht wussten, wen sie da eigentlich vor sich hatten (ich glaube, die wenigsten kannten seinen Namen) – nachher wussten sie bestimmt, was sie erlebt hatten.

Wie ich durch **Zadeks** »Othello« neue Freunde gewann

Peter Zadeks Hamburger »Othello«-Aufführung von 1976 war, zuerst, ein ungeheuerlicher Theaterskandal und wurde dann, nur wenige Tage danach, ein ebenso ungeheuerlicher Theatertriumph. Der damals fünfzigjährige Zadek, der immer ein leicht kritisches Nölen in der Stimme hatte, war ein aufregend wechselhafter Mensch: Er konnte charmant, liebenswürdig, menschenfängerisch sein, um im nächsten Augenblick düster, schroff und mit zynischer Schärfe auf sein Gegenüber zu reagieren. Er war ein Workaholic in Schüben; wenn er inszenierte, steckte er seine Schauspieler mit seiner begeisterten und begeisternden Rücksichtslosigkeit an: Er ging bei der Arbeit über Leichen, aber die »Leichen«, die sich bis zur Erschöpfung und Selbstaufgabe verausgabten, opferten sich ihm widerwillig willig. Schauspieler wie Eva Mattes und Uli Wildgruber hat er erschaffen: Indem er sie mit anfeuernden Peitschenhieben zu sich selbst befreite. »Othello« war eine seiner radikalsten, konsequentesten Arbeiten. Ein Epoche-Ereignis.

Als gegen Ende Wildgruber, ein Jahrmarktsneger mit dickem, wie mit Schuhcreme geschminktem, schwitzendem Körper, wild seine Shakespeare-Tiraden krähend, Eva Mattes über die entrümpelt vollgemüllte Bühne jagte, die wild Zappelnde nackt über eine Wäscheleine hängte, nachdem seine braunen Patschhände und sein schwitzendes Gesicht auf ihrem prallen Leib abgefärbt hatten, brach im Hamburger Premierenpublikum ein unglaublicher Skandal aus: Türenknallen, Schreien, Buh-Rufe, wilde Redeschlachten im Publikum. Zum Ende stellten sich die Schauspieler erschöpft und glücklich einer Wand aus Hass, Wut und Ablehnung, und sie wurden gleichzeitig von wilden Enthusiasten mit Bravo-Geschrei bis zur Heiserkeit gefeiert.

Ivan Nagel, der neue Intendant des Schauspielhauses, der diese Aufführung, die Theatergeschichte schreiben sollte, riskiert hatte, erzählte mir Jahre später, wie er in den Tagen nach der Premiere, vor Erscheinen der Kritiken und vor der zweiten (rückhaltlos umjubelten) Vorstellung, auf einem offiziellen Hamburger Empfang von allen geschnitten und ihm von der Frau des Bürgermeisters wie einem leidtragenden Hinterbliebenen kondoliert wurde: Er galt als »toter Mann«. Bis, ja bis die hymnischen

Kritiken erschienen und er, im jähen Wechselbad der Stimmungen, von einem Tag auf den anderen zum Hamburger Lieblingsintendanten avancierte.

Auch ich hatte mit der Aufführung mehrere Erlebnisse. Ich war als Kulturressortleiter und Theaterkritiker relativ neu beim SPIEGEL und hatte erlebt, wie mein Chefredakteur Erich Böhme noch vor der Pause mit seiner schönen großen rothaarigen Frau, Redakteurin in meinem Ressort, die Aufführung, türenknallend, wenn ich mich recht erinnere, auf jeden Fall aber mit ostentativer Missbilligung verlassen hatte. Das legte sich mir beim Schreiben aufs Gemüt, hauptsächlich beflügelnd, denn ich war hingerissen, begeistert von diesem »Othello«, ich wusste sofort (was einem nicht so oft im Leben passiert): Ich hatte an einer Sternstunde des Theaters teilgenommen, mir hatten sich die Augen geöffnet. Und ich wollte das stolz und siegesgewiss weitervermitteln.

Böhme hatte gleich am nächsten Morgen vor Augstein und anderen SPIEGEL-Redakteuren seinen Abscheu geäußert und, wie ich später hörte, auch pantomimisch parodistisch dargestellt, nicht begnadet, aber doch komisch.

Rudolf Augstein, der die Vorstellung des »Othello« noch nicht gesehen hatte, freute sich riesig über meine Lobeshymne – schon allein, weil sie Böhme ärgerte. Jahrelang war er von der Meinung besessen, ich hätte die Zadek-Inszenierung nur gut gefunden, um meinen Chefredakteur ärgern zu können: ein gefundenes Fressen für mich.

Hatte der eine Ahnung von den Ängsten eines Untergebenen!

Ich lebte damals mit meinem 16-jährigen Sohn Daniel allein, ein allein erziehender oder besser: allein schlecht und recht erziehender Vater. Und ich hatte Daniel mit zur »Othello«-Premiere genommen. Vor Beginn der Vorstellung trafen wir eine Lehrerin Daniels, sie saß im zweiten Rang, wie sich herausstellte, und so habe ich Daniel gebeten, seine Karte, er sollte neben mir im Parkett, vierte Reihe sitzen, mit seiner jungen hübschen Lehrerin zu tauschen. Ich dachte, chevaleresk auch in seinem Interesse zu handeln, aber wenn ich heute daran denke, steigt mir noch immer die Schamröte ins Gesicht: Mein Sohn war so beleidigt, dass er, ohne die Vorstellung zu sehen, davonstürzte. Ein väterlicher Fehler, nie wieder gutzumachen!

Als die Vorstellung in den Schlussskandal mündete, saß vor mir der NDR-Redakteur G., Leiter der Kulturredaktion, mit seiner Frau. Für ihn schrieb und sprach ich regelmäßig Glossen, Berichte, Kritiken, auch um mir ein Zubrot wegen meiner teuren Scheidungskosten zu verdienen. G. und seine Frau waren empört und buhten und schrien gegen die Schauspieler auf der Bühne an. Frau G. äußerte sich dabei abfällig laut über die Ästhetik von Eva Mattes' nacktem Körper (die wundervolle Schauspielerin hatte kurz zuvor 17-jährig als debiles Mädchen in Kroetzens »Stallerhof« als eine der ersten Nackten auf der Bühne gestanden, ein Bild unangreifbarer Kraft, rührend, provokativ, unschuldig, eine Ikone des neuen Theaters): Wer so aussehe, meinte Frau G., über die nackte, über der Wäscheleine zappelnde Desdemona der Mattes, solle besser nicht nackt auftreten. Das heißt, sie meinte es nicht nur, sie schrie es hinauf zur Bühne, mitten im Hexenkessel Schauspielhaus.

Daniels Lehrerin, begeisterte Zuschauerin, reagierte ebenso spontan. Sie fasste Frau G., die Frau des Kulturredakteurs G., am Rücken. Und sagte Frau G., als diese sich umdrehte, aufgeregt und mitten in die Aufregung: Wer so aussehe wie Frau G., solle, egal ob angezogen oder nackt, besser schweigen.

Ich sah eine Nebenerwerbsquelle versiegen. Aber es spricht für die Hamburger Toleranz, dass ich weder meinen Job beim SPIEGEL noch meine Arbeitsbeziehung zum NDR durch meinen »Othello«-Besuch auf Dauer wirklich gefährdete.

Wie gefährlich es ist, mit dem **Schah** Ski zu fahren

Zum Skifahren ging ich nie aus reiner Liebe zum Skifahren, sondern immer nur wegen einer Frau, einer Freundin, weil die Familie hinfuhr oder die Klasse auf Ski-Reise ging. Das lag daran, dass mein Vater ein Ski-Ass war (er nahm auch an internationalen Langlaufrennen teil) und dass er, als er mir das Skifahren hätte beibringen können, »in Russland« war, als Soldat, und die meisten Skier (damals noch mit lederner Kandahar-Bindung) waren auch in Russland, als Winterhilfsspende für die deutschen Soldaten, die vom bitterkalten Winter 1941 böse überrascht worden waren (die Ostmedaille hieß damals im Landser-Jargon »Gefrierfleischorden«).

Wenn ich in luxuriösen Zeiten zum Skifahren in die Berge fuhr, also zum Beispiel 1979 mit meiner damaligen Freundin und heutigen Frau nach

St. Moritz, dann war der Morgen immer grauenvoll, wenn man sich in die schweren Skischuhe quälte, mit ihnen losstapfte, unter dem Anorak in der Märzsonne schwitzte, die Bretter, die man geschultert hatte, in das Schlüsselbein schnitten, die Skistöcke – die meine Freundin als Berlinerin »Stöcker« nannte – sich sperrig verhedderten und ich voll dumpfer Angst bibbernd in der Schlange auf die Seilbahn und den Sessellift wartete, um dann unter Qualen und Anleitung eines Skilehrers zu fahren. Aber wie! Schön wurde es erst um fünf Uhr nachmittags, beim Tee, wenn der Schmerz nachließ und man an den Nebentischen im Hotel den Heldengeschichten von der Piste lauschte: Eines war sicher, ich gehörte nicht zu diesen Helden.

Einmal war am Morgen schlechtes Wetter, und wir, meine spätere Frau, ich und Rudolf Augstein sowie sein Skilehrer, der Helmut hieß und den wir, damit ich und er nicht verwechselt wurden (beim Skifahren!) »Heli« riefen – Skifahrer duzen sich, wie alle Brüder in Gefahr –, fuhren dennoch gegen Mittag zum Korvatsch hoch. Als wir am Lift warteten, kamen uns alle entgegen, die wegen des Wetters und der gefährlichen Piste aufgegeben hatten. Die Pisten oben waren wirklich vereist, wir fuhren eine schmale Nebenspur. Auf einmal kam ich höllisch in Fahrt, jedenfalls für meine Verhältnisse, fuhr »im Schuss« allen voraus, bekam das Flattern, und schon lag ich im Schnee, ohne dass der linke Ski abging. Ich wurde dann mit dem

Hubschrauber von der Piste geholt, was ich als sehr spektakulär empfand, und als ich im Krankenhaus Samaden den Befund erhielt, der linke Oberschenkel sei mehrfach gebrochen, war ich zunächst zutiefst erleichtert, dass sich der Hubschraubereinsatz nicht als nachträglich übertrieben erwiesen hatte, ich also kein Simulant im Ski-Krieg war. Ich bin dann ein Jahr an Krücken gehumpelt und habe mir für über zwanzig Jahre das Rauchen abgewöhnt – Skifahren ist doch gesund, wenn auch auf Umwegen.

Und Rudolf Augstein hat mir später zum Trost eine Geschichte erzählt, wie auch er am Korvatsch gestürzt sei, aber er, um nicht erschossen zu werden. Und das kam so: Einmal also fuhr Augstein auf den Korvatsch, und das war zu Zeiten, als Reza Pahlawi, der Schah von Persien, nicht nur noch lebte, sondern auch noch Schah von Persien war. Und er hatte in St. Moritz eine prächtige Villa und war da immer mit seinen Frauen, den Regenbogenpresse-Kaiserinnen, erst Soraya und dann Farah Diba. Augstein fuhr, wie ich, allein, Schuss, allen davon und merkte, wie er immer schneller wurde, immer schneller. Und auf der Piste kein Halt, keine Hilfe. Nur ein einsamer Mann, auf den fuhr Augstein zu, um ihn in seiner nackten Angst und Verzweiflung wie einen Baum zu umarmen, nur um zum Halten zu kommen. Aber als er näher kam und immer näher, bemerkte er, wie aus den Baumbeständen am Rand der Piste Männer auf Skiern herausschossen, und die hatten Maschinenpistolen in den Händen und die rissen sie hoch, als Augstein sich dem Einsamen auf der Piste näherte.

Das war nämlich der Schah, und seine Leibwächter dachten, der Kamikaze-Fahrer Augstein sei ein Attentäter. Und als Augstein die Situation blitzschnell durchschaute, warf er sich todesmutig in den Schnee, und im Unterschied zu mir hat er sich dabei nicht einmal ein Bein gebrochen.

Georg Hensel und zwei Witze

Georg Hensel, der zu Darmstadt gehörte wie Niebergalls Datterich, Gabriele Wohmann, das »Darmstädter Echo« (bei dem er lange Jahre Feuilleton-Redakteur war) oder gar Georg Büchner, war zweifellos der wichtigste deutsche Theaterkritiker von den sechziger Jahren an bis zu seinem Tod 1996. Er starb dreiundsiebzigjährig an seinem Herzen und über sein Herz, genauer: Über seine Herz-Bypass-Operation hat er eine äußerst anschauliche, von naturwissenschaftlicher wie philosophischer Akkuratesse getragene, preisgekrönte Reportage geschrieben.

Dass wir anderen »wichtigsten« Theaterkritiker der damaligen Zeit eine Zeit lang Hensels wirkliche Wichtigkeit nicht erkannten, lag an den ideologischen Drahtverhauen, in die sich die Kritik damals wie das Theater verhakt hatte. Hensel war hoch gebildet und hatte einen erdnahen, dem Darmstädter Dialekt (wir sind immerhin wieder bei Niebergall oder gar Büchner) verpflichteten gesunden Menschenverstand. Das störte damals, und so schlugen wir uns in Resolutionen auf Günter Rühles Seite, als Joachim Fest eben den Georg Hensel zum Theaterkritiker der FAZ berief, der er bis zu seinem Tod zum Nutzen der Leser und zum Segen der FAZ blieb. Er musste dazu viel reisen, aber nicht einmal von der Mathildenhöhe (dem Künstler-Quartier) in Darmstadt umziehen. Meine Resolutions-Dummheit in Sachen Rühle hat er mir nachgesehen. Wir blieben oder wurden trotzdem fast so etwas wie Freunde.

Das lag auch daran, dass wir uns oft vor Premieren trafen, zwangsläufig. Hensel, der eigentlich immer schmunzelte, seinen Dialekt kultivierte und sich äußerst liebenswürdig gab, war ein Herr – auch in dem Sinne, dass er in Metropolen (die auch deutschsprachige Theatermetropolen waren), also in Westberlin, Hamburg, München, Zürich oder Wien an Nachmittagen über den Kudamm, den Jungfernstieg, die Maximilianstraße, die Bahnhofstraße oder den Kärntner Ring schlenderte und vor noblen Herrenausstattungsgeschäften stehen blieb, um zu sehen, was der Herr von Welt wohl so trägt.

Hensel selbst war gut, wenn auch eher unauffällig gekleidet. In die Premieren, die er zu besprechen hatte, begleiteten ihn stets besonders elegante, schöne und geistvolle Damen, der jeweiligen

Stadt zugehörig, wie es sich gehörte. Nach Ende der Vorstellung ging er stets schnurstracks – ein älterer Herr, sich seiner Verantwortung gegenüber seinem kranken Herzen mit den künstlichen Herzklappen und als Rezensent der Aufführung wohl bewusst – in sein Hotel. In seinem Gepäck führte er stets eine gute Flasche Rotwein mit sich, die er als Schlaftrunk benutzte. Am nächsten Morgen schrieb er. Er schrieb elaboriert, geistreich, gebildet (ohne mit seinem Wissen zu prahlen); das Theater hatte in ihm seinen gerechtesten (liebenden, nie schmeichelnden) Anwalt. Seinen Rezensionen stellte er als Markenzeichen stets ein passendes Zitat als Motto voraus. Allein schon dabei bewies er eine äußerst glückliche Hand.

»Schorsch« Hensel, wie ihn seine Frau nannte (»der Schorsch«, sagte sie), gehörte außerdem zur Menschengruppe der zwanghaften Witze-Erzähler (der ich mich, ich bekenne es, selber auch zurechnen muss). Das sind Menschen, die einem, koste es was es wolle, sobald sie einen treffen, einen Witz erzählen müssen. Es sind, je nachdem, sehr angenehme oder sehr strapaziöse Menschen.

Angenehm, wenn sie einem durch Witze nicht nur die Zeit verkürzen und durch das gemeinsame Gelächter Gemeinsamkeit herstellen (Schau!, sagen sie. Schau! Wir verstehen den gleichen Spaß!). Angenehm auch, weil gute Witze Zeitgeist und Zeitstimmung transportieren, im besten Fall sogar eine fade Stimmung politischer und gesellschaftlicher Correctness durchbrechen, wodurch sie etwas Befreiendes haben. Und man in der Zeit, in der Witze erzählt werden, nicht mit den privaten Befindlichkeiten der Gesprächspartner belastet wird.

Unangenehm deshalb, weil viele Witze-Erzähler Zwangsneurotiker sind, die oft nicht die nötige passende Stimmung, den Ort und die richtige Zeit für einen Witz abwarten können und deshalb zum falschen Augenblick mit der Tür ins Haus fallen. Unangenehm auch, weil sie die falschen Witze den falschen Leuten erzählen, so dass man sich beleidigt fühlt: Darüber, denkt der, denkt man, kann ich lachen. Für ein solches Ferkel, einen solchen Trottel hält der dich?! Das darf doch nicht wahr sein!

Georg Hensel war der angenehmste Witze-Erzähler, den ich kannte. Er konnte Witze erzählen. Und wie! Er konnte, wenn man selber Witze erzählte, auch zuhören. Er konnte ansteckend lachen, wenn er Witze erzählte und wenn er Witze hörte. Und: Er wusste, dass alle guten oder fast alle guten Witze einen erotischen Background brauchen – jedenfalls in Zeiten, wo man wegen der Bemerkung, man halte den Kanzler für einen Idioten, nicht das Gefängnis fürchten muss. Wogegen uns wegen unserer sexuellen Obsessionen immer so etwas wie der gesellschaftliche Ausschluss droht, und sei es nur für Minuten – sonst wären es keine Obsessionen.

Ich habe in meinem Leben viele gute, ja großartige Witze-Erzähler kennen gelernt. Ignaz Bubis war einer. Walter Schmieding, der unvergessene rundgesichtige Kulturmoderator war einer, obwohl er ein Zwangstäter war. Man traf ihn im Theaterfoyer, es hatte schon zum zweiten Mal geklingelt, da trat er auf einen zu, sagte hastig »Guten Abend!« und »Wie geht's?« Und schon: »Den muss ich Ihnen noch unbedingt erzählen. Also, kommt eine Frau zum Arzt ...« Und dann erzählte er, es klingelte zum dritten Mal, man wollte seinen Mantel los werden, hatte Angst, den Beginn der Vorstellung zu versäumen. Der Witz von der Frau, die zum Arzt kommt (nein, nicht der kürzeste, im Ruhrslang: Kommt eine Frau beim Arzt), war endlos und Schmieding hielt einen bis zur Pointe, das Gesicht vorgebeugt, die Rechte hielt einen am Jackettknopf fest ... Ja so war das.

Auch Willy Brandt soll ein blendender Witze-Erzähler gewesen sein. Genscher ist, was Witze anbelangt, ebenfalls ein Überzeugungstäter, der sein Handwerk wie sein Mundwerk beherrscht. Merkwürdigerweise sind Komiker nur selten Witze-Erzähler, und ich kann mich nicht erinnern, dass mir Loriot oder auch Woody Allen je einen Witz erzählt hätten. Vielleicht finden sie das ohne Gage unpassend, so als würden sie sich verschleudern, Perlen vor die Säue werfen.

Jurek Becker, der eher ein melancholischer Mensch war (ob er schon von seiner Krankheit wusste, als ich ihn kennen lernte?), hat mir dennoch den wahrscheinlich schönsten jüdischen Witz erzählt. Und der geht so:

Ein Sohn eines orthodoxen Juden in Amerika kommt zu seinem Vater und sagt trotzig, dass er zum Christentum übertreten wolle. Der Vater ist entsetzt, fassungslos. Er beschwört den Sohn, dass er dem Glauben seiner Väter treu bleiben solle. Alles vergebens. Der Sohn bleibt bei seinem Entschluss und verlässt das Haus. Der Vater, in seiner Verzweiflung, wirft sich in seinem Zimmer auf den Boden, ruft zu Gott, hadert mit Gott. Bis Gott ihn hört und fragt: »Was hast du? Was ist dir widerfahren?« Der Vater sagt: »Mein Sohn, mein einziger erstgeborener Sohn will zum Christentum übertreten.« Darauf Gott: »Sei ruhig! Das ist mir mit meinem Sohn auch passiert.« Der Vater hört das fassungslos, bis er fragt: »Und? Und? Was hast du gemacht?« Und Gott antwortet: »Was werd ich gemacht haben? Ein neues Testament hab ich gemacht!«

Billy Wilder, der alles andere als ein Witze-Erzähler, dafür ein grandioser Geschichten-Erzähler war, hat mir einmal den Witz erzählt, der das berühmte Schlusswort zu »Some Like It Hot« (Manche mögen's heiß) geliefert hatte, und er hat gleich bescheiden zugegeben, dass der Witz seinem Co-Autor Iz Diamond eingefallen sei, nach einem verzweifelten Freitag, als sie vor dem Wochenende eine Idee für den Schluss ihres Films suchten. Und der Witz geht so: Ein Ehepaar streitet sich fürchterlich. Und sie schreit ihn an: »You are a perfect asshole!« Und der Mann erwidert: »Nobody is perfect!«

Wilder verdanke ich auch den Witz, wenn wir schon einmal dabei sind, der das Zeitalter, als die Sexualität noch von Verboten umgrenzt war, trifft. Da steht eine lange, kilometerlange Schlange vor der Himmelstür, wo Petrus die schwarzen von den weißen Schafen scheidet. Und plötzlich sehen die hinten Stehenden, wie vorne am Kopf der Schlange Jubel ausbricht, Männer ihre Hüte hochwerfen, Frauen einander in die Arme fallen, glücklich. Und schließlich spricht sich der Grund des Jubels und der Freude bis ans Schlangenende durch: »Sex doesn't count!«

Mein »Quartett«-Partner Reich-Ranicki, von Natur sicher kein Witze-Erzähler, hat mir einen der besten Witze aus der guten alten Zaren-Zeit, oder soll man sagen: Tschechow-Zeit?, erzählt: Da muss ein Arzt, sagen wir in Minsk, eines Tages für Monate nach Wladiwostok fahren. Und am Tag der Abreise telegrafiert die Frau ihrem Liebhaber, der dreißig Werst entfernt lebt: »Mein Mann muss für mehrere Monate nach Sibirien verreisen. Komm so schnell du kannst nach Minsk, dann können wir ungestört vögeln.« Und ihr Liebhaber telegrafiert zurück: »Anspielung verstanden! Komme morgen!« Und Reich-Ranicki hat dazu mit der Freude des Kritikers und Theaterkritikers erklärt: »Anspielung«, das heiße auf Russisch »Alljusija«. Nicht Illjusija, sondern Alljusia! Doch zurück zu Hensel!

Als Witze-Erzähler verfügte Hensel über die Gabe, besonders gute, schlechte Witze erzählen zu können. So wie es gute Witze gibt, die so feinsinnig oder feinnervig sind, dass sie schon fast wieder schlecht sind, so gibt es Witze, die scheinbar so furchtbar schlecht sind, dass sie fast explosionsartig ins Witzige umkippen. Zwei dieser Witze werde ich nie vergessen, und wenn ich mich an sie erinnere, steht mir wie in einer Szene Georg Hensel vor Augen. Welchen Tonfall er beim Erzählen hatte. Und mit welchen Gesten er die Witze unterstrich. Beide Witze haben einen bestimmten politischen Hintergrund.

Also: Als George Bush – der Vater des gegenwärtigen US-Präsidenten – für das Amt kandidierte, war sein demokratischer Konkurrent Gary Hart. Und Gary Hart stolperte aus dem Rennen, weil er eine heimliche Geliebte hatte und das aufflog. Und als Bush zum Präsidenten gewählt worden war, kamen Reporter zur Geliebten von Hart und fragten, wie sie jetzt zu den beiden Männern, zum frisch gewählten Präsidenten und zum gescheiterten Geliebten stehe, und sie sagte: »Well, my Heart belongs to Bush, but my Bush still belongs to Hart!«

Und nun der zweite. Er spielt in der Zeit, als Khomeini als Ajatollah in den Iran zurückgekehrt war und ist vor allem ein besonders blöder Witz.

Also: In Zürich geht der Ajatollah durch die Stadt, nachts, wo die Nutten ihre Freier erwarten. Eine Prostituierte öffnet das Fenster und sagt im Schwyzer Deutsch: Komm eini! (Khomeini). Also: Komm herein! Der Ajatollah schüttelt den Kopf, zeigt mit der Hand an sich herunter (ich sehe noch, wie Hensel beide Hände zum Schoß führte) und sagt: Geht nicht! Islam (is lahm). In dem Augenblick biegt der Papst um die Ecke, grinst freudig und sagt, indem er den Zeigefinger triumphierend hebt: Vati kann! (Vatikan).

Nie, nie, nie kann ich diesen grauenvollen Witz vergessen, und dass Georg Hensel den großartigen zweibändigen Theaterführer »Spielplan« geschrieben hat, voller hinreißend erzählter Dramatikerleben und umwerfend lakonisch nacherzählter Dramen, ist die eine Sache. Aber dass er mir den Witz von Khomeini und dem Papst in all seiner Idiotie hinterlassen hat, ist die andere Sache. Komm eini! Is lahm! Vati kann! Das muss man sich erst einmal zu erzählen trauen!

Wie **Rudolf Augstein** einmal für **Ernst Jünger** sang

Anfang der siebziger Jahre, ich war Theaterkritiker und Redakteur bei der ZEIT und zu diesem Zweck aus Stuttgart nach Hamburg umgezogen, damals also spielte ich gelegentlich mit Rudolf Augstein Tennis. Beide wollten wir uns fit halten, wenn auch nicht zu sehr, und so trafen wir uns am frühen Vormittag vor Redaktionsbeginn entweder in der Stadt oder draußen bei ihm (er wohnte damals in Blankenese) und spielten eine Stunde auf gemieteten Plätzen.

Ich glaube, er spielte deshalb gerne mit mir, weil er zehn Jahre älter war als ich und der schlechtere Spieler – und dennoch meistens gewann. Er war eben eine Siegernatur und glich seine vermeintliche Schwäche durch raffinierte Spielzüge aus.

Einmal, wir hatten auf dem romantisch verwilderten Platz des Polo-Clubs in Klein-Flottbek mutterseelenallein gespielt, lud er mich anschließend zum Schwimmen in sein Haus auf der Elbhöhe ein. Als wir dort ankamen, begegneten wir dem Kindermädchen, das seinen Sohn Julian auf dem Arm trug. Rudolf Augstein fing, als er seinen Sohn sah, sofort zu singen an. »Theo, wir fahr'n nach Lodz!« schmetterte er dem Säugling entgegen, ein damals beliebter Vicky-Leandros-Ohrwurm, der mit einem lauten Aufschrei (»Theoooo!«) begann.

Das Baby sah den Vater mit großen Augen an. Erschrocken? Glücklich? Das Kindermädchen sagte vorwurfsvoll: »Herr Augstein, Sie können und dürfen das arme Kind doch nicht so erschrecken!«, und verschwand mit dem Kind ins Haus. Während wir zum Schwimmbad gingen, war Augstein entrüstet. Entrüstet und sichtlich gekränkt. Er beschimpfte das Kindermädchen. Keine Ahnung hätte die! Was einem Baby Spaß mache! Er und Julian erschreckt! Lächerlich! Kinder liebten Väter, die ihnen »Theo, wir fahr'n nach Lodz!« vorsängen. Geradezu wichtig sei das für die Entwicklung von Kindern! Auch in ihrem Verhältnis zu ihren Vätern. Er konnte sich gar nicht beruhigen, weil er sich sowohl in seiner Künstler- wie in seiner Vaterehre gekränkt fühlte. Keine Ahnung von moderner Pädagogik habe das Kindermädchen, absolut keine!

Jahre später hat er gelegentlich auch meiner Tochter Laura, die knapp zehn Jahre jünger als Augsteins Julian war, etwas zum Trost vorgeschmettert. Ich glaube, sie hat's genossen. Jedenfalls mehr als ihre Mutter, der Rudolf im Auto etwas aus der Welt der Opernarien und Operetten-Schnulzen zum Besten gab, wenn ihr nach einer längeren Autofahrt hinten im Auto regelmäßig schlecht wurde.

»Geht's dir nicht gut?«, fragte Rudolf. »Hast du Kopfschmerzen?« Und dann: »Ich werde dich trösten!« Schon sang er los: »Es steht ein Soldat am Wolgastrand!« Oder: »Ach wie so trügerisch!« Und so weiter und so fort. Er wusste, dass meine Frau nichts so wenig leiden konnte wie Gesang, deshalb knödelte er kurz und heftig los. Meine Frau lachte geschmerzt, dann auch geschmeichelt und kurz darauf ging es ihr besser – auch, weil er ziemlich rasch wieder zu singen aufhörte. Er war, wenn er mit übertriebener Inbrunst knödelte, sich gleichzeitig ernst nahm und parodierte, ein großartiger Unterhalter, und natürlich fühlte sich meine Frau getröstet, so als würde Pavarotti gegen ihr Leiden ansingen. Pavarotti, dem sie, Opernbanausin, die sie war, auch nicht lieber zugehört hätte, eigentlich.

Das alles fiel mir viele Jahre später wieder ein, ich war längst beim SPIEGEL, als Ernst Jünger 1982 den Goethe-Preis der Stadt Frankfurt bekam – die Bundesrepublik also ihren Frieden mit dem umstrittenen national-konservativen »Stahlgewitter«-Autor machte.

Augstein, der 1966 ein großes Heidegger-Gespräch für den SPIEGEL geführt hatte, wollte unbedingt zu Jünger. Zusammen mit Harald Wieser fuhren wir nach Wilfingen, wo der damals schon Siebenundachtzigjährige lebte, ein imponierender Herr, der uns drei plus den Fotografen und Stenografen ebenso lebhaft wie diszipliniert empfing. Jünger war ein durch das Alter ungebeugter Mann. Der im Ersten Weltkrieg siebzehnmal schwer Verwundete sollte so ungebeugt bis über seinen 100. Geburtstag bleiben – dem Alter trotzend, rauchend und Sekt trinkend, und noch viele Bücher schreibend. Am Ende des Gesprächs, das wir intensiv und über mehrere Stunden führten, war Jünger weniger erschöpft als wir drei – das war schon sehr imposant.

Anschließend bewirtete er uns mit Sekt in schmalen Kelchen, draußen hatte sich die Nacht um das schwäbische Dorf und Jüngers Anwesen gesenkt. Augstein und Jünger erinnerten sich an den Krieg – und plötzlich trat Augstein ins nächtliche Freie und sang aus voller Kehle und voller Brust für Jünger das Lied vom »Polenmädchen« – »In einem Polenstädtchen«, und mit heller Kraft tönte es durch den schlafenden Ort. Es war ein seltsames Ständchen, das ein Soldat des Zweiten Weltkriegs dem anderen bot: »Sie war das allerschönste Kind, das man in Polen find. Aber nein, aber nein, sprach sie. Ich küsse nie!«

Ob Jünger mitgesungen hat? Um ehrlich zu sein, ich erinnere mich nicht mehr. Aber geschmeichelt gelächelt hat er.

Wie sich mir mit **Brigitte Bardot** ein Traum erfüllte

Als Student lebte ich in einer Neubaumansarde ganz am Rande der Stadt (Tübingen, Herrenberger Straße), dort, wo nichts mehr die schönen alten Mauern und Fachwerkfassaden der Altstadt ahnen ließ. Im Zimmer unter anderem eine Waschschüssel, in der im Winter, ich schwöre, in ein oder zwei Nächten das Wasser zu Eis erstarrte. Zum Baden ging ich einmal die Woche ins Uhlandbad in die Uhlandstraße. Dementsprechend sahen meine Wach- und Wunschträume aus. Ich wachträumte zum Beispiel, dass ich bei strahlendem Sonnenschein in einem offenen Sportcabrio (weiß oder knallrot) die Riviera Richtung Cote d'Azur entlangfahre. Ich trage eine schnittige Sonnenbrille, links liegt das blaue Mittelmeer, rechts wiegen sich Palmenblätter im Wind. Ich kannte die Gegend aus dem Kino. Aus Filmen wie Hitchcocks »Über den Dächern von Nizza« oder dem Brigitte-Bardot-Film »Und ewig lockt das Weib«. Der hieß wirklich so, und die Bardot mit ihrer blonden Mähne, den aufgeworfenen Schmolllippen und wunderbaren langen Beinen, die beim Gehen sanft aneinander rieben, war ein Weib, das wirklich lockte.

Also. Ich fuhr die Riviera entlang und war schon fast an der Côte d'Azur – da sehe ich plötzlich am Straßenrand, auf einem Parkplatz, drei wilde Männer, unrasiert, wie sie eine schöne blonde Frau, die sich heftig, aber vergebens wehrt, in die Büsche zu zerren versuchen. Ich bremse scharf und sehe: Es ist Brigitte Bardot! Ich springe elegant, die Hand auf die geschlossene Tür gestützt, die Beine nach vorne gewinkelt, aus dem offenen Auto, stürze auf die Kerle los und schlage sie mit gezielten Kinnhaken erst zu Boden und dann in die Flucht. »Die Bardot« lächelt mich dankbar an, pustet sich mit ihrem Schmollmund eine wilde blonde Strähne aus der Stirn, ich mache eine elegante einladende Handbewegung, öffne die weiße Wagentür, sie steigt ein, ich steige ein, und wir brausen los. Noch heute sehe ich, wie ihr Haar im Fahrtwind flattert. So weit, so gut. Und weiter kam ich in meinem Wachtraum auch nie, während ich die kalte Nase aus der Decke in die Luft streckte: Es fehlte am Drehbuch.

Jahre später, genauer, vor achtzehn Jahren, also 1984, wohnte ich im Urlaub im Haus eines Freundes in St. Tropez. Das Haus lag am Hang, direkt über dem Meer, und wenn man ein paar Schritte über einen schmalen Pfad hinunterging, kam man an eine kleine Bucht mit weißem Sand, in der leise das azurblaue Wasser plätscherte, sanfte Wellen schlug. Manchmal waren auch feuerrote Quallen darinnen, seitdem weiß ich, dass sie französisch meduse heißen, Medusen.

Und während ich mit meiner Frau am Strand lag und unsere einjährige Tochter im Sand spielte, kam über einen Pfad von links (der zu unserem Haus lag rechts) eine Frau wie eine Amazone mit wehendem blonden Haar, um sie herum kläfften und hechelten fünf bis sechs Hunde, die sie mit rauchig rauher Stimme rief. Es war B. B., Bebe, Brigitte Bardot, jetzt nicht mehr die Filmschauspielerin, sondern die Tierschützerin. Sie war, da es sich um eine klitzekleine Privatbucht handelte, nackt, wie Gott sie schuf (ist das nicht auch ein Bardot-Film-Titel?), das heißt: beim Herabschreiten hatte sie noch ein gazeartiges Tuch, eine Art breiten Schal um die inzwischen breiter gewordenen Hüften geschlungen, das sie am Strand ablegte; eine majestätische Erscheinung, und ich musste sie nicht mehr retten, sondern hatte vielmehr ein bisschen Angst, vor allem auch wegen meiner kleinen Tochter, weil die Hunde durch den Sand hechelten und schnüffelten, bis die Bardot sie mit kehliger Stimme zurückrief. Mir selbst schenkte sie, während ich sie an den folgenden Vormittagen grüßte, ein Kopfnicken unter ihren Medusenlocken und ein sanftes Lächeln. Ihr Mund schmollte immer noch, und ich dachte einen Augenblick, wie es wäre, wenn es fünfundzwanzig Jahre früher wäre, und ich wäre Curd Jürgens oder so. Ein Hund hechelte auf uns zu, ich legte meine Arme schützend um meine Tochter, die Bardot rief den Hund. Ich erschrak, als ich sah, wie er brav und demütig zu ihr zurück trottete.

Wie ich **Loriot** mit den gefiederten Freunden feierte

Loriot, der sich von Vico von Bülow als Komiker und Gesellschaftskritiker abgespalten hatte, um sich über die Eigenarten und Tugenden herzumachen, die er selbst verkörperte (sie wurden in den Karikaturen, die bei aller Schärfe immer liebenswürdig blieben, nur deutlicher), Loriot also bekam 1984 den Erich-Kästner-Preis zugesprochen, der von der Erich-Kästner-Gesellschaft in München verliehen werden sollte. Ich war, wahrscheinlich von Loriot, mit dem ich einige lange Fernseh-Interviews geführt hatte, als Laudator gebeten. Willi Daume, der Sport-Präsident, war auch Präsident der Kästner-Gesellschaft.

An einem Sonntagmorgen in München begrüßte Daume eine hochkarätige Versammlung bayerischer Honoratioren, den verehrten Herrn Kultusminister, auch als Vertreter des hoch verehrten bayerischen Ministerpräsidenten, den sehr verehrten Münchener Oberbürgermeister und den ebenso verehrten Kulturdezernenten und »meine sehr verehrten Damen und Herren!«

Natürlich hatte er auch Loriot, also Vico von Bülow, herzlich begrüßt und auch mich. Damals war der Ruf des Nachrichtenmagazins aus Hamburg, dessen Redakteur ich war, in Bayern nicht unangefochten – noch bebten die Kämpfe zwischen Franz Josef Strauß und Rudolf Augstein nach. Und so sagte Daume, als er mich begrüßte: »Ich begrüße auch den Laudator, Dr. Hellmuth Karasek, vom« – er machte eine Pause – »sagen wir's ruhig, vom, äh, SPIEGEL!« Es klang leicht gequält – so als hätte er vor der Nennung des SPIEGEL eine Hürde nehmen müssen, ein Pferd, das vor einem Hindernis zögerte, ehe es tapfer entschlossen darüber hinwegsprang. So sprachen früher wackere Bürger, wenn sie von Missständen sprachen, vom, äh …, sagen wir's ruhig, vom Bordell.

Ich hatte in meiner Laudatio von Frank Elstner gesprochen, von »Wetten dass …«, das Elstner damals noch selbst moderierte, und – auch so ein »Sagen wir's ruhig, äh« oder »Sagen wir's besser nicht«-Fall – einen Mann zu Gast hatte, der sämtliche Vogelstimmen, also Amsel, Drossel, Fink und Star, erkennen konnte. Und Elstner hatte in der großen Live-Sendung damals berechtigte Angst vor dem Plural des Vogels, den Vögeln. Was da alles, rein sprachlich, in einer Live-Sendung passieren kann! Tja. Und um also den gefährlichen, weil missverständlichen Plural zu vermeiden, sprach er statt von den »Vögeln« von »unseren gefiederten Freunden«. Also: Der Mann habe gewettet, dass er sämtliche Stimmen von »unseren gefiederten Freunden« erkennen könnte. Tirili! Twit, Twit! Kuckkuck! Ruckedigu! Alle Vogelstimmen!

Ich führte an, dass dies für mich ein Beispiel für Loriots explosiven Pannen- Benimm-Regel-Humor sei. (»Es saugt und bläst der Heinzelmann, wo Mutti nur noch saugen kann.«) Denn, so erklärte ich, jedes Mal, wenn Elstner wieder »unsere gefiederten Freunde« sagte, hätte ich gedacht, warum spricht er nicht von Vögeln. Und die ständig wiederholten »gefiederten Freunde« seien zu einer Serie von Unanständigkeiten geworden. Ich könne seit der Zeit nichts mehr von »gefiederten Freunden« hören, ohne schmutzige Gedanken zu haben. Dass das so ist, weiß man ja schließlich seit Sigmund Freuds »Psychopathologie des Witzes«.

Ich habe dann im Verlauf der Jahre noch mehrere Preisverleihungsreden auf Loriot gehalten, es hat sich so, aus Liebe zu Loriot, ergeben; beim Deutschen Video-Preis etwa, wo ich ihm vorwarf, er hätte mit seinem vornehmen Namen (Vico von Bülow), mit seinen tadellosen Manieren, seiner gepflegten Erscheinung, seinem würdig weißen Haar Honorar-Konsul, Kommerzienrat, Botschafter, ja Bundespräsident werden können. »Und was machen Sie!«, schleuderte ich ihm entgegen. »Sie kleben sich stattdessen eine Nudel ins Gesicht!

Und, indem ich ihm gratulierte, sagte ich: »Schämen Sie sich!«

Bei unserem Interview für den »Tagesspiegel« in seinem Haus am Starnberger See führte er uns (Stephan Lebert und mich) beim Herausgehen durch ein Zimmer, an dessen Wänden viele seiner Ahnen hingen: alles preußische von Bülows, Großväter, Onkel, Großtanten. Und Loriot sagte, wie sehr er sich bei diesen Bildern mit zunehmendem Alter aufgehoben fühle. Und, fügte er hinzu, »sie sind alle schon gestorben. Da denke ich, dann werde ich es eines Tages auch können!«

Diesen schönen Satz hat er dann nachträglich aus dem Interview gestrichen. Er wolle, sagte er zur Begründung, ein Interview als Humorist nicht mit einem so schweren Satz beschließen. Als ich sagte, ich verstünde ihn, sei aber traurig, dass der Satz fehle, sagte er: Er erlaube mir, ihn unabhängig vom Interview jederzeit zu veröffentlichen.

Was hiermit geschehen ist.

Wie ich **Ulla Hahns** Zukunft voraussah

Im Jahr 1986 moderierte ich für den SFB die Fernsehsendung »Autorscooter«, in der ich mich pro Folge mit einem Schriftsteller eine Dreiviertelstunde lang über ihn und sein Werk unterhielt – unter anderem, mir unvergesslich, mit Gisela Elsner, die damals unter ihrem gewaltigen Haarturban wie in frostiger Würde erstarrt schien.

Am 3. 6. 1986 hatte ich Marcel Reich-Ranicki, damals sechsundsechzig, als Gast. Es war, wie man sich unschwer denken kann, ein lebhaftes, temperamentvolles Gespräch, so dass es mich eigentlich nicht wunderte, als am nächsten Tag Ulla Hahn, damals vierzig, anrief, mir zu der Sendung gratulierte und fragte, ob ich mir denn vorstellen könne, ein ähnliches Gespräch für Radio Bremen mit Reich-Ranicki in Hamburg zu führen. Ulla Hahn war damals Redakteurin bei Radio Bremen.

Ich konnte mir das gut vorstellen. Die Gesprächsaufzeichnung war angenehm, das anschließende Essen zu dritt noch angenehmer, und Hahn freute sich über das Wiedersehen mit ihrem Freund und Förderer, der damals schon in Frankfurt lebte und für die Sendung nach Hamburg eingeladen worden war.

Nach der Barschel-Affäre schrieb ich ein Theaterstück, das später »Innere Sicherheit« heißen sollte. Ich hatte mir dazu einen Hamburger SPD-Abgeordneten ausgedacht, der seiner Frau erzählt, er müsse über das Wochenende zu einem politischen Kongress nach Rom (Thema: »Rettet Europa!«) und ihr sogar seinen exakten Flug angibt – um dann in Wahrheit mit dem Taxi nur um die Ecke zu fahren, wo er heimlich seine Geliebte besuchen will. Sein Pech: Das Flugzeug, mit dem er angeblich fliegt, wird entführt (damals konnte man über Flugzeugentführungen noch scherzen). Er kommt ganz schön in die Bredouille.

Um dem Stück noch einen komischen Dreh zu geben, machte ich aus der heimlichen Geliebten eine Lyrikerin, die, politisch korrekt, anklägerische Verse gegen das Waldsterben absondert und sie dem Geliebten vorliest. Davor. Er musste sich also durch ihre Gedichte wie durch einen Berg von Hirsebrei fressen, um in das Schlaraffenland der Liebe zu kommen. So weit, so gut.

Als das Stück als Textbuch bei Suhrkamp erschienen war, sprachen mich Freunde darauf an und sagten anerkennend, wie trefflich ich Ulla

Hahn in diesen Gedichten parodiert hätte. Innerlich zuckte ich zusammen, da ich in Wahrheit Verse der Berlinerin Pieke Biermann hatte persiflieren wollen. Aber ich gab mir keine Blöße und nickte geschmeichelt. Warum nicht Ulla Hahn?!

Das Stück war gedruckt, die Uraufführung in Osnabrück schon in Planung, als Reich-Ranicki vom Hamburger Bürgermeister Klaus von Dohnanyi zu einem Vortrag ins Hamburger Rathaus geladen wurde. Reich brachte Ulla Hahn mit und stellte sie dem Stadtoberhaupt als »bedeutende Dichterin in Ihren Mauern« vor. Bei dieser Begegnung muss die Liebe wie ein Blitz eingeschlagen haben. Jedenfalls haben es alle Beteiligten später so geschildert: Reich erst kürzlich in einem Interview mit der »Bunten«. Von Ulla Hahn gibt es inzwischen sogar, neben Gedichten, in denen sie den Geliebten auf politischen Wahlplakaten anhimmelt, einen Roman darüber.

Damals spielte sich aber alles noch im Verborgenen ab, und als der Bürgermeister eine Verlagsankündigung gelesen oder zugesteckt bekommen hatte, in der mein Stück, in dem ein Hamburger SPD-Politiker eine verborgene Affäre mit einer Lyrikerin hat, angekündigt wurde, stürmte er auf mich zu und warf mir Treuebruch, Indiskretion und Ähnliches vor. Ich kam mir wie die verfolgte Unschuld oder zumindest, um Karl Kraus zu zitieren, wie die verfolgende Unschuld vor.

Zwar hatte auch ich inzwischen die Gerüchte über die heimliche Liaison zwischen dem Stadtoberhaupt und der Lyrikerin gehört, denn in keiner Branche wird so viel getratscht und geklatscht wie in unserer. – Die Klatschsucht und Missgunst hatte schon Jahre vorher herumgetragen, dass der allmächtige Reich-Ranicki von der FAZ sich eine Lyrikerin von eigenen Gnaden erschaffen habe, wie Pygmalion seine Galathea. Geschrieben aber hatte ich mein Theaterstück über den in die Lyrik verliebten SPD-Abgeordneten, noch ehe Ulla Hahn und ihr künftiger Ehemann sich auch nur zu Gesicht bekommen hatten. Das hätte ich mit meinem und Suhrkamps Terminkalender nachweisen können. Aber wer will schon, im Zustand der Erregung, etwas von Kalendern und Alibi-Terminen wissen?

Wie ich aus Versehen **Grass** mit **Hitler** verglich

»Auf Weihnachten wünschte ich eine Ratte mir«, so hebt der barock-apokalyptische Roman »Die Rättin« von Günter Grass an, der 1986 erschien, 504 Seiten dick war und den ich lesen musste, da half nichts, obwohl er, das schwöre ich noch heute, für mich eigentlich unlesbar war und bleibt, und so hätte ich das Buch eigentlich in Ruhe lassen sollen und das Buch mich, aber das hat nicht sollen sein.

Denn im Herbst, zur Frankfurter Buchmesse, fragte mich die Münchner Illustrierte »Bunte«, ob ich ihr nicht eine Liste mit den zehn schlechtesten Büchern schreiben wolle. Die zehn schlechtesten Bücher, dachte ich, das ist eine blöde Frage, das lässt sich eigentlich nicht machen, denn wie viel tausend schlechteste Bücher hat man nicht gelesen, und wie soll man da gerecht sein, und überhaupt?

Schon die zehn besten Bücher, das wäre schwer und ungerecht und absolut willkürlich, aber in seiner Kanonisierung für Leser noch irgendwie nachvollziehbar. Aber die zehn schlechtesten? Wie weit geht das nach unten? Und sind die Lore-Romane dabei oder Landser-Heftchen oder auch unverlangt Eingesandtes, Traktat-Literatur, im Selbstverlag auf eigene Kosten Verlegtes?

Ich half mir, indem ich die Frage natürlich überhaupt nicht ernst nahm. Zuerst erzählte ich den Witz von den drei dünnsten Büchern der Welt. Was sind die? Also: Das Kochbuch von Bangladesch. Die italienischen Heldensagen. Und, drittens: Fünfhundert Jahre deutscher Humor.

Den ersten Tort tat mir die »Bunte« durch einen Druckfehler an. Sie erzählte meinen Witz statt mit den »drei dünnsten« mit den »drei dümmsten« Büchern der Welt: Doppel-Marta statt Doppel-Nordpol, m statt n, nicht dünn, sondern dumm.

Dann also meine Liste der »zehn schlechtesten Bücher«. Ich dachte: Da man schon die »zehn besten Bücher« nur mehr schlecht als recht benennen kann, muss man die »zehn schlechtesten« gnadenlos als peinliche subjektive Leseerfahrungen darstellen. Ich nahm also zum Beispiel als eines der schlechtesten Bücher einen praktischen Ratgeber »Elektroarbeiten im Haushalt selbst – leicht gemacht« und begründete die Schlechtigkeit damit, dass ich schrieb: »Weil ich dem Buch geglaubt habe.«

Oder: Ich wählte den »Duden« zu den schlechtesten Büchern. Grund: »Weil er immer gegen mich Recht behält« (damals hieß es noch, laut »Duden«, »recht behält«). Oder: Das »zehnbändige Rowohlt-Filmlexikon im Schuber«. Grund: Es war mir, als ich es aus dem Regal ziehen wollte, mitsamt dem Schuber aus der Hand geglitten und mit voller Wucht auf den linken Fuß geknallt, so dass ich wegen der Verletzung eine Woche lang nicht ins Kino konnte. Man erkennt leicht, meine Begründungen waren purer Nonsens. Es waren sehr persönliche, um nicht zu sagen: egomanisch schwachsinnige Gründe.

Auch einen Band von Stalin führte ich auf, seine »Theorie zur Sprache«, in nach Lysol riechendes Kunstleder gebunden. Ich hatte ihn zum Abitur an der Bernburger Karl-Marx-Oberschule 1952 erhalten und im Abiturzeugnis stand: »Hellmuth Karasek wurde für seine Leistungen mit einem Band von Stalins Werken ausgezeichnet.« Nicht dass ich mir, als ich im gleichen Jahr in den Westen flüchtete, die Mühe gemacht hätte, das Buch zu lesen oder auch nur mitzunehmen.

Trotzdem bekam ich Jahre später in Tübingen ein Fulbright-Stipendium für die USA, durfte aber nicht in die Staaten einreisen, weil mir die CIA wegen des Stalin-Vermerks im Zeugnis die Einreise verbot. Grund genug für mich, das Buch auf die Schlechtesten-Liste zu setzen.

Auch Grass setzte ich drauf. »Die Rättin.« Mit der Begründung: »Weil ich sie gerade jetzt ganz lesen muss.« Ich gebe zu, ein billiger Wutausfall eines genervten Lesers.

Und ich setzte – damit machte ich den entscheidenden Fehler meiner Liste – Hitlers »Mein Kampf« drauf. Hier wurde die Liste auf einmal Ernst, denn »Mein Kampf« gehört, wie man es auch dreht und wendet, unbedingt zu den zehn schlechtesten Büchern. Subjektiv und objektiv. Und überhaupt.

Als Grass die Liste sah, äußerte er sich erbittert und empört: Ich hätte ihn mit Hitler verglichen. Es gab Aufregung in der Schriftstellervereinigung PEN, in der Grass wie ich Mitglied sind. Der damalige Generalsekretär Manfred Bissinger bewies in einer flammenden (wenn auch mäßig formulierten) Rede, die im Rundbrief an alle Mitglieder abgedruckt war, dass man Grass nicht mit Hitler vergleichen, gar in einen Topf werfen dürfe. Geschenkt! Michael Naumann, damals Chef bei Rowohlt, schrieb mir gekränkt, dass ich, a) Günter Grass beleidigt und b) das hervorragende Filmlexikon von Rowohlt geschmäht hätte. Er kannte die Geschichte nur vom Hörensagen und beruhigte sich, nachdem ich ihm die Liste aus der »Bunten« geschickt hatte.

Günter Grass spricht seit der Zeit nicht mehr mit mir. Und ich, notgedrungen, auch nicht mit ihm. Ich werde auch meist nicht mehr eingeladen, wenn er irgendwo eingeladen ist. Auch gute gemeinsame Freunde wägen da ab: er oder ich. Einmal hat mich Moet & Chandon nach Versailles aufs Schloss eingeladen. Zu deutschen Literaturtagen in Frankreich, bei denen Grass geehrt wurde. Ich habe den freundlich-ahnungslosen Gastgebern die Peinlichkeit erspart und aus Termingründen abgesagt. So müssen der Nobelpreisträger und ich getrennte Feste feiern und das alles wegen Hitlers »Mein Kampf«.

Wie ich in **Marilyn Monroes** Bett schlief

Einmal in meinem Leben habe ich in einem Zimmer übernachtet, in dem schon Napoleon (und zwar der Erste, nicht etwa der tragisch-lächerliche Dritte) übernachtet hatte: Das war in Basel im Hotel zu den »Drei Königen«. Es ist ein altehrwürdiges Hotel und das Zimmer hatte, glaube ich, einen Baldachin und die Bettwäsche war seit Napoleon, sagen wir mal, schätzungsweise 28581 Mal gewechselt worden. Dasselbe Bett war es natürlich längst auch nicht mehr, trotz seines Baldachins, aber immerhin!

Einmal habe ich im Hotel übernachtet, in dem schon Goethe übernachtet hatte, im Hotel »Sonne« in Nördlingen, das seit dem 14. Jahrhundert existiert, also hat vor Goethe schon Kaiser Maximilian dort genächtigt. Deshalb hat es eine Treppe, von der möchte man nicht herunterstürzen, wenn man eine Flasche Wein getrunken hat. Damals gab es zwar Kaiser, aber kaum Sicherheitsvorschriften. Natürlich hat das Hotel inzwischen einen Lift und Duschen, Badewannen, fließendes kaltes und heißes Wasser mit einer Mischarmatur, aber dennoch ...

In Weimar habe ich, natürlich, im »Elephanten« geschlafen, wo Thomas Mann abstieg und Goethes Lotte aus dem Werther und aus Thomas Manns »Lotte in Weimar«, als sie bereits alt war und bedenklich mit dem Kopf wackelte. Und wie man an der Fassade sieht, war auch Adolf Hitler im »Elephanten«. Mehr Nietzsche als Goethe zuliebe. Und später soll man in den Zimmern von der Stasi abgehört worden sein. So war das. Als Walter Ulbricht hier schlief.

Ich habe natürlich auch, in den legendären Züricher Theaterjahren von Frisch/Dürrenmatt/Therese Giehse, im »Hotel Urban« geschlafen, wo Brecht, als er aus Amerika zurückkam, ein paar Wochen lebte. Und so mancher andere berühmte deutsche Emigrant. Das »Urban«, nahe dem Züricher See, in Bellevue, aber ohne Blick auf ihn, war Zufluchtsstätte der Flüchtenden. Das Hotel war laut, weil es an einer Tankstelle lag, jedenfalls, als wir Theaterkritiker da wohnten. Und die Decken waren aus Kunstseide und rutschten immer weg. Und weil in Zürich sehr früh Sperrstunde war und es dann auch nach den fulminanten Premieren nichts mehr zu trinken gab, hat eines späten Abends eine schöne Schauspielerin bei mir noch auf ein Glas Rotwein gesessen und mir ihr Herz ausgeschüttet: Sie liebte nämlich Rudolf Noelte so sehr ... Das Hotel gibt es nicht mehr. Und auch keine Gedenktafel, weder an Brecht noch an die Schauspielerin, die Noelte liebte.

1986 wohnte ich, als ich Billy Wilder interviewte, im »Beverly Hills Hotel«. Das legendenumwobene Hotel, das zurückgesetzt am Sunset Boulevard liegt, in wunderbarem Rosa und mit grüner Art-déco-Schrift und Pool und Tennisplätzen und dem Patio unter tropischen Pflanzen, des Nachts Glühlämpchen von den Palmen und der sagenhaften Bar, in der Errol Garner Klavier gespielt und Frank Sinatra und das »Rat Pack« gelärmt hatten. Das Hotel hatte gerade den Besitzer gewechselt (der neue war ein Öl-Scheich), und es gab einen Sondertarif, und da die Rezeptionistin meine Buchung verschusselt hatte, mussten sie mich in einem der luxuriösen Bungalows unterbringen: Es war eine Woche wie im Paradies.

Die Monroe hatte im Vertrag mit ihrem Studio festgelegt, dass sie jederzeit hierher flüchten dürfte, wenn ihr die Decke in ihrem nahe gelegenen Privat-Bungalow in Westwood auf den Kopf zu fallen drohte. Als ich nach einer Woche Interviews mit Wilder abfuhr, schickte mir Billy sogar noch ein Fare-Well-Telegramm. Am Weg zum Flughafen bin ich dann noch an einem Buchantiquariat vorbeigefahren und habe mir die vergriffenen Biografien von Maurice Zolotow über Marilyn Monroe und über Billy Wilder gekauft. Und als das Flugzeug in die Lüfte stieg, erst westwärts, als wollte es die Pazifik-Küste Richtung Hawaii verlassen, um dann ostwärts zu drehen, über die ewig schneebedeckten Berge Kaliforniens, nahm ich das Buch über Marilyn Monroe und fing an zu lesen.

Ein paar Stunden später war ich wie elektrisiert, und, wäre ich nicht angeschnallt gewesen, wäre ich aus meinem Sitz hochgesprungen. Marilyn Monroe und Yves Montand! Im November 1960 hatten sie unter der Regie von George Cukor »Let's Make Love« gespielt. Damals war die Ehe mit Arthur Miller bereits angeknackst und Marilyn hatte mit Nikita Chruschtschow zu Mittag gegessen, und der Latin Lover Yves Montand (wie Marilyn mit einem »berühmten« Partner verheiratet, mit Simone Signoret) und die Monroe hatten eine hitzige und kurze Affäre.

In dem Buch von Zolotow stand die Nummer des Bungalows von Yves Montand. Da war es passiert! Und die Nummer der Bungalow-Suite, die ich, dank eines Buchungsfehlers, bewohnt hatte, war die gleiche. Sogar dieselbe! Und ich hatte nichts davon geahnt. Dabei waren seit der Zeit nur sechsundzwanzig Jahre vergangen, lächerlich! Sechsundzwanzig Jahre, da waren die Räume seitdem nur 9.490 Mal staubgesaugt worden, die Aura war noch da.

Ich hatte mir von Wilder ein Foto von ihm und der Monroe mitnehmen dürfen, es ist während der Dreharbeiten zu »Some Like It Hot«, also nur ein Jahr zuvor, entstanden. Und auf dem Foto küsst

Wilder die Monroe in den Nacken, während einer Drehpause. Und sie hat ein gepunktetes Kleid an und lacht, den Mund weit aufgerissen vor Künstlichkeit und Glück.

Und sie hat einen Schuh ausgezogen, der Fuß ist zerquetscht und deformiert vom Tragen hochhackiger Schuhe.

Als ich das Zolotow-Buch kaufte, habe ich falsch geparkt und noch einen saftigen Strafzettel mit auf die Heimreise bekommen. Aber seitdem weiß ich Bescheid.

Wie ich mit **Helmut Dietl** die Osteria umgestaltete

1987 erwarb die Bavaria von Kujau die Rechte an seiner Person – und damit an den Fälschungen der Hitler-Tagebücher. Die Bavaria bot Helmut Dietl die Verfilmung an, und Helmut Dietl, der damals fast, aber nur fast, ein Theaterstück von mir an den Münchner Kammerspielen inszenieren wollte, bot mir stattdessen an, am Drehbuch für »Schtonk« (so sollte der äußerst erfolgreiche Film, die Geburtsstunde der Filmschauspielerin Veronica Ferres, später heißen) mitzuarbeiten …

Ich fuhr also zu Helmut Dietl nach Südfrankreich – ich hatte vorsorglich meinen Jahresurlaub genommen – und arbeitete an der Entwicklung des Plots mit. Und das vollzog sich so. Wenn wir am Morgen aufgestanden waren, fischte Dietl, der schon die ersten Zigaretten rauchte, mit einem Netz an der Stange Laub und Blätter aus seinem

Pool. Ich sah ihm dabei zu, und wir überlegten hin und her, was wir heute wohl schreiben würden. Beide machten wir dabei eine bekümmerte, ja verdrießliche Miene, es sollte ja ein lustiger, ein satirischer, ein komischer Film werden.

Dann, nach dem Frühstück, setzte ich mich abwechselnd mit Helmut Dietl an eine unförmige Triumph-Schreibmaschine (sie gehörte, wie ich erschauernd erfahren hatte, dem Dietl-Freund und Dietl-Mitarbeiter Patrick Süskind, dem »Parfüm«-Autor«), und wir dachten laut und schrieben. Da es bei den Hitler-Tagebüchern um die verquere deutsche Stimmung zur eigenen Vergangenheit ging, erzählte ich Dietl, dass ich gerade in der Zeitung gelesen hätte, das Goethe-Institut sei vom Haus Bernheimer am Lenbachplatz in die Dachauer Straße umgezogen – man stelle sich vor, ein weltweit wirkendes deutsches Institut und dann Dachau. Ausgerechnet Dachauer Straße als Postadresse des Deutschen Goethe-Instituts! Und Dietl machte daraus einen hinreißenden Taxifahrer-Monolog, bei dem ein Asiate mit dem Taxi zur Zentrale des Goethe-Instituts fahren will und der Taxifahrer ihm das alles mit Dachau erklärt. (Inzwischen hat man extra eine Postadresse in einer Nebenstraße der Dachauer Straße für das Goethe-Institut geschaffen.)

Überhaupt beschäftigten wir uns mit der merkwürdigen Nazi-Nostalgie, wie sie sich in den Verrücktheiten Heidemanns und seinem Hang zu Nazi-Devotionalien äußerte. Und dabei fiel uns eine Szene ein, die später im Film nicht mehr auftauchte, und die ich deshalb hier festhalten möchte.

Es geht um die »Osteria«, der Italiener, bei dem Hitler in den zwanziger Jahren Stammgast war. Und wir dachten uns (in satirischer Übertreibung, versteht sich, denn die »Osteria« ist auch heute nichts anderes als ein sehr gutes italienisches Restaurant) aus, wie Touristen, vor allen Amerikaner, aber natürlich auch viele Deutsche, in das Lokal kommen, sich ehrfürchtig umschauen und fragen, wo denn ER gesessen habe. In der einen Version zeigt der Oberkellner auf einen bestimmten Tisch, der natürlich schon besetzt ist, und verspricht dem Gast, der ihm daraufhin schon ein 5-Mark-Stück in die Hand drückt, einen Platz in Sichtnähe zu diesem Tisch.

In einer anderen Version ist der Oberkellner in dem gut frequentierten Lokal, das in unserer Fantasie eher ein Ableger des Hofbräuhauses war, so geschäftstüchtig, dass er jeden freien Tisch zu dem Hitlers erklärt, so dass bald alle Gäste wohlige Schauer durchrieseln, die sich an SEINEM Tisch sitzend wähnen und Wein bestellen oder ein Bier. »Welchen Wein hat ER denn getrunken?« »Aber ich bitte Sie«, sagt der Ober. »ER war doch Antialkoholiker. Wasser! Wir führen heute noch SEIN Wasser«.

Ein Schnitt in die Küche soll im Film zeigen, wie Frauen in Dirndln mit einem Schlauch Leitungswasser in Flaschen füllen, auf denen in Frak-

turschrift »Deutscher Heil!-Brunnen« oder etwas
Ähnliches steht. Viele Vegetarierplatten, Nudelgerichte und Mehlspeisen werden präpariert, alles
SEINE Lieblingsspeisen, Apfelstrudel vor allem.
Aber die Gäste dürfen auch Fleisch und Geflügel
bestellen und auch Wein und Bier trinken. »In dieser Hinsicht«, so der Kellner, sei ER seinen Begleitungen gegenüber immer äußerst tolerant gewesen.

Billy Wilder.
Wer ist der Papst neben dem Mann?

Als ich vor etwa fünfzehn Jahren meiner Mutter erzählte, ich würde nach Amerika fahren, weil ich mich mit Billy Wilder treffen wolle, Tag für Tag, Woche für Woche, um mit ihm zusammen seine Biografie zu schreiben, sah mich meine Mutter vorsichtig und stumm an. Da ich ihr Sohn bin, verstand ich ihr Stummbleiben sofort als Frage. Wer, um Himmels willen, ist Billy Wilder?

Mutter, sagte ich, du kennst doch den Film »Manche mögen's heiß«. Meine Mutter sah mich gekränkt an. Natürlich kenn ich den! Mit Marilyn Monroe. Mit den Männern in der Damenkapelle. Jack Lemmon heißt der. Den mag ich so.

Also gut, sagte ich, diesen Film hat Billy Wilder gedreht. Aha, sagte meine Mutter und war es zufrieden. Und über den schreibst du eine Biografie.

Mir fielen in dem Augenblick alte Filmplakate ein. Mit großen Namen und großen Gesichtern. Jack Lemmon, Shirley McLaine in »Das Apartment«. Irgendwo klein stand dann auch dabei: Ein Film von Billy Wilder.

Oder alte Opernplakate. Zeitgenössische aus der Mozart-Zeit. Riesig war da zu lesen: »Don Giovanni« und in ebenso riesigen Buchstaben der Autor dieser Oper: Lorenzo da Ponte. Und irgendwo stand klein darunter Wolfgang Amadeus Mozart. Irgendwann zwischen 1933 und 1945 war Lorenzo da Ponte ganz von den Theaterzetteln der Mozart-Opern »Cosi fan tutte«, »Don Giovanni« und »Le Nozze de Figaro« verschwunden. Die Opern hießen Deutsch: »Die Hochzeit des Figaro«, wurden deutsch gesungen. Und einen da Ponte gab es nicht. Der hatte nie existiert. Weil er Jude war. Aber das ist eine andere Geschichte als die von den großen und kleinen Namen.

Zu der passt wiederum eher, dass man, sagen wir, vor fünfzehn bis zwanzig Jahren Plakate fand, auf denen riesig zu lesen war: Herbert von Karajan. Oder: Leonard Bernstein. In Versalien füllten sie die halbe Ankündigung. Dann stand da, kleiner, »Jupitersymphonie«. Oder »Eroica«. Und ganz klein, man war schon versucht, eine Lupe, die man im Zeitalter des Dirigentenkults stets bei sich in der Tasche führte, herauszunehmen, um den Namen des Komponisten entdecken zu können. Ah, richtig! Mozart. Richtig, Ludwig van Beethoven! Aha!

Andererseits. Ein Hitchcock-Film war immer ein Hitchcock-Film oder ein Buñuel-Film immer von Buñuel. Oder Fassbinder. Einerseits. Aber es gab Cary-Grant-Filme. Und Romeo und Julia von Zeffirelli. Oder Shakespeare in Love von John Madden. Gut.

Vor Jahren erzählte man den Witz von Paul Schulz aus Bottrop. Wie berühmt der war. Einmal habe der im Auto, im offenen Wagen als guter Katholik neben dem Papst gesessen. In Rom. Und da hätten die Leute gefragt, die Römer und die Rom-Touristen, während sie sich anstießen: »Du, wer ist eigentlich der Herr neben Paul Schulz?«

Früher, als es das Handy noch nicht gab, gab es, wie ich mich erinnere, ruhigere Nachmittage in Hotelhallen, dem »Vier Jahreszeiten« in München oder Hamburg, dem »Frankfurter Hof« während der Buchmesse. Und irgendwann lief ein Boy oder Page durch den Raum, in dunkelroter oder grauer Uniform, mit einem flachen Tortenkäppi schräg auf dem Kopf und einer wie eine Standarte hochgehaltenen Tafel in der Hand. Und an der Tafel hing eine Klingel, die ab und zu bimmelte. Und wenn man aufschaute, sah man einen in Kreide geschriebenen Namen »Dr. Müller-Ebenholz«. Und man sah sich, wenn man nicht allein saß, an und sagte: Na, was sich das Müller-Ebenholz hat kosten lassen, damit (wichtig! wichtig!) sein Name gebimmelt durch die dämmrig vornehme Hotelhalle getragen werde …

Also: Ich sitze mit Billy Wilder mittags bei einem Italiener, man kann hier schnell und preiswert essen, in Beverly Hills, wir haben Mittagspause bei unserer Arbeit, bei der er erzählt und ich ein Aufnahmegerät laufen lasse und ab und zu eine Frage stelle.

Wir haben fast aufgegessen, als ein älteres Ehepaar auf unseren Tisch zutritt. »Nein, welche Freude Sie ausgerechnet hier zu sehen«, sagen die beiden auf Deutsch. Und schauen mich begeistert an und an Billy Wilder vorbei. »Wir kennen Sie von Reich-Ranicki. Aus dem literarischen Quartett! Sie sind doch …!« Und dann fragen sie mich, ob ich eine Autogrammkarte dabei hätte. Und sie sagen »Schade!«, als ich verneine. Dann lassen sie sich auf ihre Restaurantrechnung von mir ein Autogramm geben. Und dann gehen sie …

Billy Wilder schaut mich an. »Du bist bekannt in Deutschland!« Ich zucke die Schultern. Fernsehen. Dann sage ich: »Du Billy, dieser Auftritt hat mich 50 Dollar gekostet! Ich wollte dir imponieren! Ich hätte mich auch ans Telefon rufen lassen können. Das hätte mich nur 20 Dollar gekostet.«

Am Abend, auf dem Weg vom Parkplatz zum »Spago's«, wo beim Valet Parking die bediensteten Geister die Türen aufreißen, das Auto wegfahren, stehen junge Autogrammjäger. Sie wollen von Wilder drei Autogramme. »Drei«, sagt der über Achtzigjährige. »Drei!« Und: »Damit ihr meine drei gegen einen John Travolta eintauschen könnt!«

Wie ich auf **Erich Mielkes** Toilette durfte. Durfte? Ging!

»Ich liebe euch doch alle«, hatte Erich Mielke vor der Volkskammer vorwurfsvoll gesagt, als man seiner aufdringlich fürsorglichen Zuneigung überdrüssig war. Die Mauer war gefallen und mit ihr stürzte der Geheimdienst-Minister und oberste Spitzel-Bewacher der DDR.

»Ich liebe euch doch alle!« Und wir hatten ihm nicht geglaubt. Wir – die Kampfpresse des Klassenfeindes, wir vom SPIEGEL – waren auch gar nicht gemeint.

Im September und Oktober 1990 vereinbarten wir ein Interview mit Wolf Biermann, der nach seiner erzwungenen Emigration aus der DDR im November 1976, nach vierzehn Jahren also, in die DDR zurückgekehrt war. Ich hatte das Interview mit Biermann am Telefon abgesprochen, wie immer wenn man damals mit ihm telefonierte, sang er einem durch den Hörer ein neues Lied vor: Sieben Strophen.

Es war eine seltsame, eine schwebende Zeit. Die alte Staatsmacht, mit dem Mauersturz vom November 1989 zerschellt, existierte nicht mehr. Aber es gab sie noch. (Zum Beispiel in der Normannenstraße, in Mielkes Ministerium für Staatssicherheit.) Zwar war Mielke als Minister gestürzt, aber sein Ministerium bestand noch. Es zerschredderte gerade am äußersten Rande der Legalität Unmengen von Stasi-Akten. DDR-Bürgerrechtler hatten Teile des Ministeriums besetzt, um die Aktenvernichtung aufzuhalten. Wolf Biermann war unter den Besetzern. Als ich das Interview vereinbart hatte, sagte Biermann: Kommt doch in die Normannenstraße. Wir machen da gerade einen Sitzstreik. Uli Schwarz, mein Kollege vom Deutschland-Ressort, der lange als Korrespondent des SPIEGEL in der DDR gearbeitet hatte und den Mielke-Staat bis in die Eingeweide kannte, sollte mit mir Biermann interviewen.

Wir kamen. Um elf Uhr vormittags. Es war leicht, am Pförtnerhäuschen vorbeizukommen und eingelassen zu werden. Wir brauchten nur zu sagen, dass wir eine Verabredung mit Wolf Biermann hätten, der wachhabende Offizier telefonierte, ein anderer Offizier kam, holte uns ab, führte uns in ein Gebäude, in eine Art Kantine und schon trafen wir Wolf Biermann, der irgendwie gemütlich aussah, aber auch irgendwie wie im Bürgerkrieg, wo man eben in einer Schule, in einer

Kaserne, einem Ministerium oder einer Kantine biwakiert. Ich glaube, wir wären damals auch »einfach so« in das wichtigste Ministerium, die geheime Machtzentrale des SED-Staats gekommen, einfach weil sich der längst in chaotischer Auflösung befand.

Wo wir denn das Interview führen könnten? Biermann zuckte die Achseln. Durch die Räume wuselten Hausbesetzer, Stasi-Offiziere, Angestellte. Ach, irgendeinen Raum werden wir schon finden, sagte Biermann. Und dann blitzten seine runden Knopfaugen übermütig. »Wollen wir das Interview nicht im verwaisten Zimmer des Ministers führen? An Mielkes Schreibtisch? Im Allerheiligsten!« Wir waren von der Idee sofort begeistert.

Der Polizeioffizier, dem wir sie vortrugen, zögerte. Da müsse er, selbstverständlich, einen Vorgesetzten fragen. Das gehe über seine Kompetenz.

Selbstverständlich, sagten wir. Und ob er nicht telefonisch einen Vorgesetzten fragen könnte. Er ging zum Telefon, wählte, erreichte einen Vorgesetzten und trug ihm unser Anliegen vor. Lange Pause. Schließlich wollte der höhere Offizier am anderen Ende der Leitung erst Biermann und dann Ulrich Schwarz und mich, »die Herrn vom SPIEGEL«, sprechen. Er sei in einem Dilemma, erklärte er, denn einerseits sei Biermann ein Feind des Staates und des Ministeriums, das er schließlich und letztendlich immer noch vertrete. Andererseits sei er immer ein begeisterter Bewunderer von Biermanns Kunst gewesen … Er habe zu

DDR-Zeiten alle verbotenen Platten von Biermann besessen und sie, schließlich und letztendlich, mit seinen Freunden immer gehört.

Seine Bewunderung besiegte seine Skrupel. Wir durften das Interview in Mielkes holzgetäfeltem, piefigem Büro mit Wandschränken und einem klobigen altmodischen Telefon (das war also das Zentrum der Macht!) führen.

Stolz ließen wir uns von dem Fotografen bei dem Gespräch ablichten. Fast wie Jäger, die den Fuß auf den erlegten Zwölfender setzen. Und dann, am Schluss, am Ende des Interviews, sind wir ins Allerheiligste gegangen, in Mielkes Privattoilette und haben, wie Indianer in ein noch schwelendes Lagerfeuer der besiegten Gegner, in Mielkes Becken gepinkelt. Sieger. Sieger der Geschichte!

Mit Überheblichkeit habe ich registriert, dass der Klodeckel aus Plastik war und ebenso die Rohre und die Armaturen der Waschbecken. Plaste und Elaste im Herzen der Macht! Kein Messing, nichts Vergoldetes, keine chromblitzenden Armaturen. Und Klodeckel, die dünn wie Pappe waren, aus vergilbtem Plastik! Dieser Sozialismus hätte nicht siegen können. Keinesfalls!

Wie **Heiner Müller** mich für einen guten Polizisten hielt

Anfang der achtziger Jahre fuhr ich oft von Hamburg nach Köln ins Theater. Jürgen Flimm war Schauspiel-Intendant, Luc Bondy, Jürgen Gosch und Bob Wilson inszenierten in Köln. Der junge Herbert Grönemeyer, der lange blonde Haare hatte, und den alle »Herbie« nannten, war Bühnenmusiker. Er klimperte am Abend auf dem Klavier herum, bei nächtlichen Feten auch im Theaterzelt, in dem man rauchte, quatschte und soff, sich bei Kölsch und rheinischem Frohsinn (Flimm sang selbst erdachte Karnevalslieder: »Ich bin ene Vampir!«) mit Theorie- und Terrorismus-Debatten die Nächte um die Ohren schlug.

Oft war auch Heiner Müller da. Er hockte damals überall am längsten dabei, ein leiser Diskutant, der mit starkem Sächseln heroisch komische Anekdoten vom real existierenden Sozialismus erzählte, an den er glaubte, den er aber fast so verachtete wie die »Be-er-de«, über die man damals den Kalauer von der »Be-er-di-gung« machte, na gut. Müller war der melancholische Hofnarr der DDR mit unbegrenztem Freigang in den Westen, ein Dissident mit Rückfahrschein. Heiner Müller war immer kohlrabenschwarz angezogen, hatte fettige dunkle Haare, eine scheußliche Brille mit dickem dunklem Rand – und kohlrabenschwarze Zähne. Die hatte er, weil er sie, wie er meiner Freundin und späteren Frau mit Trauer und einem sardonischen Grinsen während einer langen Nacht erklärte, in der DDR und vorher in der Zone mit Zitronenschnitzen gereinigt hatte – bis der Zahnschmelz ab war. Dazu grinste er hager, so als wären Zitronen eine teuflische List des Klassenfeindes. Später hat er sich die Zähne weiß überkronen lassen, grinste aber nach wie vor dunkel, düster, sardonisch. Und färbte sich die weißen Zähne mit dem pausenlosen Verzehr dicker Havanna-Zigarren wieder dunkel. In Köln rauchte er, glaube ich mich zu erinnern, noch Zigarillos. Er saß immer in einem Kreis von jungen Frauen, die er bewunderte, und zwar mit zynischer Herablassung, und war umringt von jungen Männern (Dramaturgen, Schauspielern, Journalisten), die ihn bewunderten. Sie hörten seinen schaurig schönen stalinistischen Sottisen zu und hätten sich nicht gewundert, wenn er plötzlich unter seiner schwarz glänzenden Lederjacke eine Kalaschnikow hervorgezogen hätte, aber es waren alles nur Worte, Worte, Worte: die Hamlet-Maschine eben.

Heiner Müller war ein ins Grobe verwandeltes Brecht-Imitat, dabei aber sehr originell, von einer sinistren Heiterkeit und der Klarheit des gemächlichen Whiskey-Trinkers. Im Mai 1983 habe ich ihn mit dem Kollegen Urs Jenny im Berliner Hotel Kempinski interviewt. Es ging dabei vorwiegend um das Ende des Kapitalismus, das Heiner Müller durch seine Stück-Bearbeitungen (die damals in der Regel schon zwanzig Jahre alt waren) auf westdeutschen Bühnen herbeiführen wollte.

Es war ein sehr schönes SPIEGEL-Gespräch, voll sinnloser Intellektualität und sehr, sehr »dialektisch«, wie man damals so sagte. Ein paar Monate später war mein Sohn Daniel in Paris. »Du«, sagte er, »ich habe in einem Theater in Nanterre euer SPIEGEL-Gespräch mit Heiner Müller als Theaterstück gesehen!« »Wie war es?«, fragte ich, und er zeigte mir das Programmheft, in dem Jenny und ich als Rollen aufgeführt waren. »Keine Ahnung«, sagte er, »dazu kann ich nicht genug Französisch. Aber die Leute haben viel gelacht.« »Über mich?«, fragte ich. »Kann schon sein«, sagte mein Sohn.

Im Juli 1990 führten wir wieder ein Gespräch mit Müller. Diesmal waren die SPIEGEL-Kollegen Ulrich Schwarz und Matthias Matussek dabei. Die Mauer war gefallen, die DDR gab es noch, obwohl ihr Ende abzusehen war. Wir saßen im »Grand Hotel« an der Friedrichstraße, dem letzten Pracht-Hotelbau der untergehenden DDR. Es war elf Uhr morgens. Müller rauchte eine meterlange Zigarre, trank Whiskey, den er mitsamt der Flasche bestellt hatte.

Später hat er das Gespräch als Verhör bezeichnet, mit einem bösen und einem guten Polizisten. Ich war der Gute, der dem Verhörten nach der Folter schon mal eine Zigarette anbietet. Wieder sagte er das Ende des Kapitalismus voraus und erklärte seine Bewunderung für Honecker, dem er gleichzeitig »Inkompetenz, Unfähigkeit und einen beschränkten Horizont« zuschrieb.

Wir unterhielten uns über die Montags-Demonstrationen in Leipzig, über ihre Slogans »Wir sind das Volk« und »Wir sind ein Volk«. Er fand ein Transparent am besten. Auf das hatte sein Träger geschrieben: »Ich bin Volker!« Wie so oft versuchte er, sich die Welt mit Kalauern vom Leib zu halten.

Am Telefon mit **Marlene Dietrich**

Zuerst lernte ich sie auf der Frankfurter Buchmesse 1967 kennen, wenn auch nur in Gestalt ihres »Schöpfers«, wie Marlene Dietrich Josef von Sternberg Zeit ihres Lebens nannte. Untertänig zumeist, später vielleicht auch ironisch. Er hat sie für den »Blauen Engel« entdeckt, er hat sie nach Hollywood geholt. Ich machte für den Hessischen Rundfunk eine Buchmessen-Sendung, Sternberg stellte seine Autobiografie »Das Blau des Engels« auf der Buchmesse vor. Ich sollte ihn vor laufender Kamera am Stand seines Verlages interviewen. Er war ein zierlicher, älterer Herr, freundlich und von vollendeter Höflichkeit – jedenfalls vor Beginn des Interviews. Ich stellte meine erste Frage: »Herr von Sternberg, Sie haben mit Marlene Dietrich …?« Weiter kam ich nicht. »Hören Sie mir mit dem Scheiß-Weib auf!«, unterbrach er mich.

Das Interview war beendet, ehe es begonnen hatte.

Später, als ich Ende der achtziger Jahre mit Billy Wilder an seiner Biografie arbeitete, hörte ich viel von Marlene, die sich aus Berliner Tagen mit Wilder verbunden wusste. Sie hatte ihm Pilzsuppe gekocht, er sie von dem Ruf, Kassengift zu sein, befreit, zuletzt furios in »Zeugin der Anklage«. Wilders Ehefrau Audrey konnte Marlenes loses Mundwerk und lockeres Leben nicht leiden. »Marlene!«, sagte sie immer wieder. »Marlene?«, und sie verzog verächtlich den Mund. »She was the worst!« Sie war die Schlimmste!

Durch Billy Wilder lernte ich Max Colpet kennen, den letzten in Deutschland lebenden Freund der Dietrich (»Sag mir, wo die Blumen sind« hat er für sie geschrieben). Ich erfuhr, dass es der in Einsamkeit und selbst erwählter Isolation in Paris Lebenden schlecht ging, auch finanziell. Ich schrieb ihr im Auftrag des SPIEGEL einen Brief und bat sie um ein Interview. Eine Woche später, es war gegen neun Uhr abends, klingelte zu Hause mein Telefon. Meine damals zehnjährige Tochter hob den Hörer ab, kam zu mir und sagte mit verdrehten Augen: »Papi, da ist Marlene Dietrich dran!« Sie war es wirklich und erzählte mit ihrer wunderbar schleppenden Stimme: »Stellen Sie sich vor! Der Pförtner vom SPIEGEL wollte mir Ihre Privatnummer nicht geben!« In der Tat durften die Privatnummern von Redakteuren nicht an Unbekannte weitergegeben werden. Aber an Marlene Dietrich, deren unverwechselbare Stimme ein Identifikationssignal war! Sie hat meine Nummer dann doch bekommen, indem sie Max Colpet in München angerufen hat, den ich in meinem Brief als Empfehlung genannt hatte.

Sie war bei diesem ersten Telefonat sehr gut aufgelegt, schwärmte von Billy Wilder – »der witzigste Mensch, den ich je kennen gelernt habe« – und äußerte sich abfällig über seine Frau, die seinem Genie nicht gewachsen sei. Wir verabredeten ein Interview, zu dem ich ihr die Fragen vorab in einem Brief zuschicken sollte. Am nächsten Tag rief ich, wie verabredet, wieder bei ihr an: Es war eine gebührliche Zeit, kurz vor Mittag, und obwohl ich ihre Stimme genau erkannte, tat sie, als wäre sie ihr eigenes Dienstmädchen, und wimmelte mich ab: Madame sei nicht zu Hause.

Die wenigen Telefonate, die ich mit ihr anschließend führte (das letzte nach Erscheinen des Interviews, als sie mich im SPIEGEL anrief, um mich zu bitten, das SPIEGEL-Gespräch auch einer österreichischen Zeitschrift anzubieten und in ihrem Namen über das Honorar zu verhandeln), diese Gespräche waren Wechselbäder zwischen barscher, kurz angebundener Ablehnung und herzlicher Offenheit. Obwohl ich sie an ihrer Stimme immer sofort erkannte, hatte ich das Gefühl, mit zwei vollkommen verschiedenen Frauen zu sprechen. Ich erinnerte mich, dass Wilder mir erzählt hatte, sie habe auch ihm, dem bewunderten, ja geliebten Regisseur, am Telefon vorgespielt, Madame sei nicht zu Hause. Immer dann, wenn er sie in Europa besuchen wollte.

Marlene Dietrich war, nach dem Ende ihrer letzten Karriere, als Diseuse und unnachahmliche Sängerin, der Welt einfach abhanden gekommen. Niemand durfte sie sehen, niemand sie in ihrer Pariser Wohnung besuchen. So wurde Marlene Dietrich ja auch die Heldin eines Films über Marlene Dietrich, in dem sie nur als Stimme auftritt: In Maximilian Schells Porträt ist sie nicht zu sehen, der Regisseur hat sie nur als Stimme erlebt. Auch ich bin ihr nur am Telefon begegnet. Ich habe zwei, drei kurze Briefe von ihr, in einer etwas alterszittrigen Schrift geschrieben, die merkwürdigerweise eine typisch amerikanische Handschrift ist. Die in Deutschland Geborene und in Paris Vergrabene war – immer noch – nur in Hollywood wirklich zu Hause.

Wie der Donnergott **Walser** gegen **Marcel Reich-Ranicki** zu Hilfe kam

Im Sommer 1991 machte ich Urlaub am Wörthersee, in Mariawörth, der Halbinsel unter dem Kirchlein am Berg. Ich lag am See und las, es war herrlich, das plätschernde Wassergeräusch, die flirrende Hitze, der insektendurchsummte Schatten, die gewaltigen allabendlichen Gewitter mit Grollen, Krachen, Blitz und Donner und dem Regen, der die Luft unter heftigem Rauschen kühlte und reinigte.

Das Buch, das ich gerade las, war Martin Walsers »Verteidigung der Kindheit«. Die Geschichte eines Muttersöhnchens aus Dresden, das aus der DDR nach Westberlin flüchtet, dabei alle Mutter- und Heimatbindungen kappen, zumindest einfrieren muss und das daraufhin ein einsamer, im Grunde nahezu kontakt- und liebesunfähiger Mensch wird. Das Buch hat mich sehr bewegt und angerührt, es enthält auch eine Stelle von verstörender Deutschkunde: Walsers Jura studierender Held nämlich gerät an die Rechtsverordnungen, mit denen die Nazis den Juden erst die bürgerlichen Rechte, dann die Menschenrechte und dann das Menschsein überhaupt raubten: mit kalter Bürokratie, an deren Brutalität Walsers Buch erinnert.

Ich gestehe, mich traf das Buch auch, weil die DDR-Flucht des Helden mich an meine persönliche Flucht aus Bernburg an der Saale nach Westberlin etwa zur gleichen Zeit (in den fünfziger Jahren) erinnerte. Walsers Genauigkeit schien mir wie ein Protokoll auch meiner Erinnerungen.

Meine Frau, die das Buch schon vorher gelesen hatte, mochte es nicht. Sie, die Walsers traurige Helden Halm und Kristlein geschätzt hatte, auch wegen ihrer Stärken in sexuellen Schwächen, wegen ihrer wassersturzartigen Suada und verzweifelten Lebenslust, konnte sich mit der »Verteidigung der Kindheit« und vor allem mit dem Helden nicht anfreunden. »Walsers Held, das ist ein Mensch, der mich langweilt. Ich kann mich nicht für ihn interessieren.« Wir stritten darüber, jeder blieb bei seiner Meinung, denn wenn jemand sich nicht für eine Figur interessiert, wie soll man ihn dann überzeugen?

Ich sollte im August gleich von Mariawörth nach Salzburg fahren. Dort fand wie jedes Jahr das sommerliche »Literarische Quartett« statt. Eines Tages rief mich Marcel Reich-Ranicki an, und ich erzählte ihm, was ich gerade lese: zum Beispiel, für die nächste Sendung, Walsers »Verteidigung der Kindheit«.

Wir haben bei solchen Telefongesprächen vor »Quartett«-Sendungen nie, fast nie ein Urteil über unsere Lektüre abgegeben. Nicht etwa, weil wir Angst gehabt hätten, unsere ach so kostbare eigene Meinung, unser einzigartiges Urteil zu verraten. Sondern aus sozusagen praktischen Überlegungen zum Verlauf der Sendung: Da wir alle keine Schauspieler waren, zumindest keine ausgebildeten, staatlich geprüften, fürchteten wir einfach, dass wir nicht in der Lage gewesen wären, Überraschung, Ablehnung der anderen Meinung, Zorn und Enttäuschung über das Urteil des Gesprächspartners auch überzeugend zu »spielen« (weil wir's ja schon wussten) und nicht wirklich »live« in der Sendung zu erleben. Spontan. Wir wollten nichts weniger sein als Hauser und Kienzle, Marionetten unserer vorgestanzten Meinungen.

Bei dem Telefongespräch, das ich mit Reich-Ranicki aus Mariawörth führte, aber machte ich einen kleinen Fehler. Ich sagte ihm zwar nicht, wie mir Walsers Roman gefalle, ich war ja außerdem noch mitten in der Lektüre, aber ich erzählte ihm, meine Frau habe das Buch schon gelesen, und es habe ihr nicht gefallen. Pause. Dann sagte Reich, mit dem ich damals noch nicht per Du war: »Eine sehr kluge Frau haben Sie!« Ich wusste also, ohne es zu wollen, alles. Aber, ich gestehe, im Falle Walsers hätte ich es auch so gewusst. Reich und Walser, das war längst ein Verhältnis, bei dem es kein

Vertun gab. Die Abneigung war herzlich. Die Ablehnung deutlich. Da war kein Rest von Sympathie.

Kurz darauf in Salzburg. Wir besprechen Walsers Roman, Reich-Ranicki legt wie immer tüchtig los, wettert, zieht gegen Walser vom Leder. Draußen ist es fast unerträglich schwül. Ein Gewitter liegt über dem nächtlichen Salzburg, von ferne grollt es.

Wir sitzen im ORF-Studio, das oben eine gewaltige Kuppel hat, die wegen der Hitze geöffnet ist. Ich, übrigens, schwitze noch mehr als sonst. Und Reich, einmal in Fahrt gegen Walser, ist nicht zu bremsen.

Da donnert es, mitten in Reichs Sätze hinein, gewaltig, laut, mit drohendem Nachgrollen aus den Bergen. Reich-Ranicki blickt nach oben, breitet die Arme gen Himmel aus, hebt sie beschwörend und sagt: »Also, man darf doch wohl noch was gegen Walser sagen, das ist ja unglaublich!«

Wie ich mit **Billy Wilder** ins Kino ging

Warren Beattys Film über den Hollywood-Gangster und Las Vegas-Gründer »Bugsy« Siegel kam 1991 in die Kinos. Der Film, er hieß nur »Bugsy«, sollte die Geschichte eines amerikanischen Traums sein. Und dieser Traum hieß Las Vegas – eine Stadt, die sich der mit der Filmbranche verbandelte Gangster Siegel, der die New Yorker Mafia an der Westküste vertrat, als Lebensziel, Geldquelle und Geldwaschanlage ausgedacht und als Wüsten-Oase mit Casinos, neonglitzernden Straßen, Palmen und Superhotels mit Pools, Zimmerservice rund um die Uhr und jeder Menge einarmiger Banditen verwirklicht hatte. Beeindruckend! Ein in Kitsch und Großmannssucht und Pop-Luxus wahr gewordener amerikanischer Traum aus Neonlicht, Nightshows, Klima-Anlagen, Casinos mitten in der Wüste. Ich erinnere mich, wie ich am ersten Tag in Las Vegas über die Straße ging und die Sonne so heiß war, dass das Pflaster durch meine Ledersohlen nach nur zwanzig Schritten meine Fußsohlen verbrannte.

Natürlich geht Bugsy Siegel in Film (wie im Leben) zuschanden, wird erschlagen, wie er selbst andere brutal als Rivalen und Konkurrenten erschlagen hat, ein Wolf unter Wölfen, eine Bestie unter Bestien: Beatty, klar, hatte den Film gedreht, wie er »Bonnie und Clyde« gespielt und gedreht hatte: als Aus-der-Traum-Film, als blutiges Finale einer Hoffnung auf Freiheit und Unabhängigkeit, auch wenn sie nur eine Gangster-Hoffnung war.

1991, der Film lief schon in den USA, aber noch nicht in Deutschland, wurde Billy Wilder 85 Jahre alt. Noch immer ging er jeden Vormittag in sein Büro im Brighton Way in Beverly Hills, neben dem luxuriösen Rodeo Drive, wo er seine Post durchsah, den Anrufbeantworter abhörte, sich die Börsenkurse im Radio anhörte, um dann mit seinem Makler zu telefonieren. Den Hut hatte er an einen Haken gehängt, manchmal behielt er ihn auch auf. Er schlürfte an einem Becher mit Cappuccino, den er sich aus dem israelischen Café unten in dem im mexikanischen Stil gebauten einstöckigen Gebäude holte. An der Innentür hing auch der Kloschlüssel, Wilder teilte sich die Toilette mit den anderen Einzimmer-Büros und blickte ab und zu aus dem Fenster, wo die Stretch-Limousinen Damen mit gewaltigen Hüten vor dem gegenüberliegenden Armani-Laden ausluden. Die Leibwächter und Chauffeure blieben auf der Straße und lümmelten lässig wie Filmgangster im Schatten herum, bis der Chefverkäufer die Lady, nennen wir sie Mrs. David, wieder zum Auto brachte. Sie grüßte zu Billys Fenster hoch. An der Ecke war eine Filiale des Schweizer Chocolatiers Teuscher. Und als Wilder einer jungen Verkäuferin, die mit Schürzchen und kleinem Haarkrönchen Schokolade verkaufte, erzählte, er habe in der Zeitung gelesen, dass ihr Firmenchef Teuscher in der Schweiz gestorben sei. Monsieur Teuscher?? Sie habe ihn verständnislos angeblickt. Stell dir vor, sagte er, sie wusste nicht, wer Teuscher ist!

Wenn man den 85-jährigen besuchte, nahm er einen mit zum Lunch, das er damals mit Vorliebe in »Johnny Rockets«, zwei Blöcke weiter, einnahm, er aß an der Theke einen Hamburger: »Johnny Rockets« war eine Hamburger-Edel-Kette, Chrom blitzende, schneeweiße Lokale im nostalgischen Art-déco-Look der Vierziger mit altmodisch schicken Musik-Boxen, aus denen Frank Sinatra oder Nat King Cole zu hören waren. Die Kellner hatten schicke Schiffermützen auf und sahen aus, als wären sie Vierziger-Jahre-Filmen entstiegen, adrett, Gel-glänzende Haare, fröhlich, höflich. Billy schob den Hut in den Nacken und bestellte nach der Coke noch einen Kaffee.

An einem Wochentag, ich glaube, es war der Donnerstag, hatte er abends frei, das heißt, seine Frau ging aus, zu Freundinnen, zu ihrem Bruder. Und als ich ihm auf Befragen erzählte, ich wollte mir »Bugsy« im Kino anschauen, sagte er: »Da komme ich mit!« Mit Wilder ins Kino! Einfach so! Ich war wie erschlagen und aufgeregt wie ein Student, der sich mit einem hübschen Mädchen verabredet hat, und vor dem Kino auf sie wartet. Wir fuhren mit seinem Auto in ein Kino in Century City, stellten uns kurz an, Wilder kaufte zwei Karten, ich glaube, wir nahmen Soft-Drinks mit wie alle anderen. Die Plätze waren unnummeriert, niemand erkannte Wilder, wir setzten uns, er nahm den Hut ab. Und ich fühlte mich nicht ganz wohl, als es in der Vorschau dauernd knallte, knatterte, explodierte, Autos oder Flugzeuge in Flammen aufgingen. Wilder schien sich zu ducken, aber er sagte nichts: Ich wusste, wie zuwider ihm das Action-Kino war. »Special effects«, das war für ihn, der sich auf den Zauber und die Kunst der Schauspieler verließ, die Todsünde des Kinos.

Dann sahen wir »Bugsy«, und obwohl ich sicher bin, dass ich mir das nur einbildete, glaubte ich zu spüren, dass ihm der Film nicht gefiel. Anschließend gingen wir noch einmal zu »Johnny Rockets«, sonst war nichts offen. Wilder erzählte mir, wie der Schauspieler George Raft (der später den »Gamaschen-Colombo« in »Some Like It Hot« gespielt hat) sich in den vierziger Jahren weigerte, den Verbrecher in »Double Indemnity« zu spielen. »Berührungsangst, die Nähe der Rolle zum Leben, schreckte ihn«, sagte Wilder und erzählte, dass Raft (er kommt im »Bugsy« als Filmfigur vor) als Schauspieler der Verbindungsmann der Filmindustrie zur Mafia und zu Siegel war, Bugsy Siegels Agent und Laufbursche im Filmbusiness.

Dann sagte Wilder: »Der Film kann nicht funktionieren. Las Vegas ist ein zu schäbiger amerikanischer Traum, als dass uns Bugsy, wenn er zugrunde geht, Leid tun könnte. Und er ist so brutal, dass wir am Ende kein Mitleid mit ihm haben.«

Als ich nach Hause ins Hotel fuhr, fiel mir ein, dass Wilder bei all seinen Filmen zwielichtige Helden gewählt hatte – aber immer solche, mit denen man Mitleid haben konnte, musste. Menschen, keine Monster.

Wie ich einmal in **Woody Allens** Kinderwohnmobil wartete

Es war schneidend kalt in New York in den letzten Februartagen 1992, und als ich in der Nacht aus dem Hotelzimmer im »Plaza« hinunter auf die Ostseite des Central Park blickte, sah es noch kälter aus, denn Feuerwehrleute spritzten ununterbrochen Wasser auf die Büsche, Bäume und den verschneiten Rasen, um an einer Stelle des Parks eine frostklirrende Eislandschaft zu erzeugen: Für einen Mafia-Film, den ich später gesehen habe, wobei ich mich fröstelnd an die Februarnacht in New York erinnerte, dessen Titel mir aber nicht mehr einfällt. Ich weiß nur noch, dass Woody Allen, dessen Penthouse-Wohnung hinter der Eisfontäne am Central Park East lag, an diesem frostigen Schauspiel mitschmarotzte. Auch er drehte eine Winterszene, bei der den Beteiligten unter roten Nasen und dicken Pelzmützen der Atem wie Rauch aus dem Mund quoll. Es war das Jahr, in dem Allen den seltsam kafkaesken Film »Shadow and Fog« herausgebracht hatte, ein expressionistisches Schwarzweiß-Spektakel in Prager Manier. Und er drehte gerade »Husband and Wives«, ein Werk, bei dem er mit wackelnder Handkamera arbeitete. Thema: Eine Ehe gerät in die Krise, unter anderem, weil Woody Allen als Professor Roth sich in eine viel, viel jüngere Studentin verliebt.

Ich war am Freitagnachmittag mit Allen zu einem Interview verabredet. Was ich noch nicht wusste, dass der Film, den er gerade drehte, später wie ein düsteres Echo auf seine privaten Turbulenzen wirken sollte. Es war, wie gesagt, Ende Februar, schneidend kalt, und was ich auch noch nicht wusste, war, dass Mia Farrow am 13. Januar beim Herumschnüffeln in Allens Wohnung auf dem Kaminsims Nacktfotos gefunden hatte, die Allen von ihrer Ziehtochter Soon-Yi gemacht hatte. Das kam aber erst viel später heraus.

Allen drehte Ende Februar 1992 in einem ziemlich heruntergekommenen Altbau an der Lower East Side, der Drehort wirkte an diesem Freitagnachmittag ziemlich verwaist in der eisigen Kälte, der Wind wehte schneidend durch die Straße mit ihren ziemlich heruntergekommenen Wohnhäusern von der Jahrhundertwende. Ich wurde von einer Assistentin in Empfang genommen, die mir sagte, es tue ihr Leid, aber die Dreharbeiten hätten sich verzögert, und Mr. Allen bitte mich, in seinem Wohnmobil zu warten. Das Wohnmobil war durch Standheizung wohlig warm. Es war ein für viele Kinder eingerichteter Wohnwagen mit Basketballkörbchen an den beiden Querseiten, bemalten Kinderbechern, Spielsachen, Soft-Drinks und Marshmellows und Jelly Beans in Glasgefäßen. Es war offenbar das Wohnmobil der kinderreichen Adoptier-Familie Mia Farrows, das sich Woody zu den Dreharbeiten als fahrendes Büro ausgeliehen hatte. Die Kindertischchen waren mit Büro-Utensilien für den Film bedeckt, ein Telefon war installiert, mit dem die Sekretärin anrief. Dann ließ sie mich allein.

Ich wartete etwa eine Stunde, dann kam Allen, aufgeräumt, eigentlich fröhlicher als üblich und sagte, ob es sehr schlimm sei, wenn er jetzt erst noch eine Szene zu Ende drehen wollte. Er sei gerade gut drin, und da es Freitag sei, wäre es nicht gut, wenn er am Montag wieder »kalt« mit der Szene beginnen müsse, die gerade so schön laufe. Deshalb wäre es schön, wenn ich über die verabredete Zeit hinaus noch etwas Geduld aufbringen könne. Allen war sonst ein Muster an Pünktlichkeit. Dann sagte er, er wolle mich auch für mein geduldiges Warten und mein Verständnis entschädigen. Ich dürfe, wenn ich wolle, beim Drehen zuschauen. Er drehe gerade eine sehr intime Szene, wo eine Frau und ein Mann in der kleinen Absteige miteinander ins Bett gingen. Während des Aussteigens aus dem Wagen und während wir die Treppen im Haus hochstiegen, erzählte Allen, der in brauner Cordsamthose und Pullover das kurze

Stück durch die Kälte gestapft war, er habe die kleine Szene ursprünglich selber gespielt, aber dabei sei er – er grinste leicht, wegen der Nackten im Bett, zu der er sich habe legen müssen – zu nervös geworden. Wie zum Beweis, zog er eine Packung Tabletten aus der Tasche: Ich könne das ruhig sehen, Beruhigungstabletten. Das war ungewöhnlich und das Privateste, was ich je von ihm zu hören bekommen hatte. Intimes über ihn hatte ich bisher nur aus seinen Filmen erfahren, in den Interviews war er sachlich zurückhaltend, so als wäre Filmregisseur und Autor ein Ingenieursberuf, bei dem es um technische Installationen gehe.

Wir stiegen die enge Treppe hoch, kamen in eine düstere kleine Wohnung. Woody erklärte dem kleinen Team, warum ich hier wäre und bat die Schauspieler um Einverständnis für meine Anwesenheit, und ich drückte mich in eine Ecke, weil es in dem Zimmer eng wurde, während der großartige Kameramann Carlo di Palma mit seiner Handkamera das ins Bett steigende Paar Raum beherrschend jagte und verfolgte: Es war eine fröstelnde Szene, die nackte Frau hatte Gänsehaut, während sie schnell unter die Decke schlüpfte – und »Cut!«. Schon war die Szene zu Ende.

Nach Drehende gab Allen aufgeräumt, gut gelaunt, wenn auch mit seiner üblichen spöttelnd ernsthaften Melancholie das Interview. Ich habe die Szene, bei der ich beim Drehen zuschauen durfte, übrigens später im Film nicht wieder entdecken können. Vielleicht hat Allen sie weggeworfen.

Wie **Kevin Costner** einmal kleiner war, als ich gedacht hatte

Eines Morgens im Jahr 1992 trat ich ins Badezimmer, in dem meine Frau schon duschte, und wollte mir die Zähne putzen. Man muss beim Wasserhahnaufdrehen am Waschbecken bei uns übrigens höllisch aufpassen, weil man sonst seine duschende Frau in der Wanne entweder furchtbar verbrüht oder ihr einen Kaltwasserschock über den Körper jagt. Manche Ehen sind durch derartige Installationen schon in Krisen geraten oder zerbrochen.

Ich hatte gerade in der Zeitung gelesen, dass Mia Farrow bei ihrem damaligen Lebensgefährten Woody Allen Aktfotos entdeckt hatte: Er hatte ein Verhältnis mit ihrer Adoptivtochter Soon-Yi. Ich las meiner Frau noch während sie duschte und ich mir noch nicht die Zähne putzte die diesbezügliche Meldung vor. Wir hatten ein besonderes

Verhältnis zu Woody Allen: Wir hatten sein Textbuch von »Manhattan« übersetzt und zwei (der damals noch äußerst raren) Interviews mit dem scheuen Mann geführt, der beim ersten Gespräch anerkennend seinen sommersprossigen Arm (es war August in New York, und er drehte im Freien, in Flushing Meadow, seinen »Sommernachtstraum«) neben den sommersprossigen Arm meiner Frau hielt. Sie brachten sich, wie es bei Rothaarigen oft der Fall ist, solidarische Sympathie mit dem ersten Anblick ihrer jeweiligen Sommersprossen entgegen.

Nachdem ich meiner Frau unter der Dusche die Meldung vorgelesen hatte, machte ich eine Pause und sagte: »Es wird höchste Zeit, dass auch wir eine siebzehnjährige Koreanerin adoptieren!« »Nichts da«, sagte meine Frau, »wenn hier jemand adoptiert wird, dann Kevin Costner!«

Sie schwärmte damals heftig von der US-Version des Latin Lovers mit dem »wundervollen Lächeln«. Ich glaube, »Der mit dem Wolf tanzt« war lange Zeit einer ihrer Lieblingsfilme.

Ich hatte damals einen Vortrag über das Kino zu halten, den ich nach einer Hollywood-Devise »Bigger than Life« nannte und in dem ich von der Unnahbarkeit der klassischen Filmstars gesprochen hatte, die (ganz anders als Fernsehstars) dem Publikum entrückt waren, entrückt wurden. Würden Sie zwei Dollar für eine Kinokarte ausgeben, wenn Sie den Star täglich mit Lockenwicklern und Jogginghose im nächsten Supermarkt treffen könnten, fragten früher die Filmmogule und verschlossen ihre Stars hinter Luxusmauern vor der Öffentlichkeit.

Umso gewaltiger wirkten sie im Kino. Die Leinwand vergrößerte sie und ihre Gefühle und Leidenschaften ins Überlebensgroße, Überdimensionale. Dafür hatte man in Hollywood sogar einen Trick. Man baute Türen, Fenster und Decken der Häuserattrappen maßstabsgerecht verkleinert, damit die Stars vor ihnen und in ihrem Rahmen größer wirkten.

Mir war auch eingefallen, jedenfalls erinnerte ich mich daran, dass Leute, die einen Star leibhaftig und im Leben getroffen hatten, auf die Frage »Und, wie war er?« meistens antworteten: »Sie (beziehungsweise: Er) war kleiner, als ich gedacht hatte.«

Natürlich galt das nicht mehr für die Filme Woody Allens oder Danny de Vitos. Oder für die klassischen Komödien Charlie Chaplins. Komiker führen immer einen David-und-Goliath-Slapstick vor: Sie sind der kleine David. Anders die Helden und Heldinnen: Mochten sie so klein wie Marlene Dietrich, Michelle Pfeifer, Humphrey Bogart, Al Pacino oder Dustin Hoffman sein, sie mussten auf der Leinwand riesengroß erscheinen. Bei Filmen mit Bogart hat man, wenn seine Partnerin größer war, sogar Laufgräben ausgehoben, damit sie kleiner als er wirkte, wenn sie neben ihm ins Glück und Happyend schritt.

Ein paar Wochen nach den unterschiedlichen

Adoptivideen, die meine Frau und ich im Badezimmer hatten – es war Mai oder Juni –, ging ich an einem Mittwochnachmittag in Hamburg an der Außenalster entlang, um bei »Paolino«, dem Hamburger Italiener auf einer Ponton-Insel zu essen. – Helmut Dietl hat hier die Fress- und Verführungsszenen aus »Schtonk« gedreht.

Das Lokal war ziemlich leer, es war schon nach 14 Uhr, nur ein Tisch war mit fünf oder sechs Leuten besetzt. Ich schaute hin und war wie elektrisiert. Da saß mitten im Mai oder Juni und mitten in Hamburg – Kevin Costner und aß, wie man in Hamburg sagt: »eine Nudel.« Der Grund: Er war zu einer Produktionsbesprechung mit seinem Produzenten Bodo Skriba eingeflogen, der in Hamburg lebte und seine Geschäfte abwickelte und den ich kannte, weil er mein Nachbar in Eppendorf war.

Meine Frau war im Büro, nur einen Kilometer Luftlinie entfernt. Und hier saß ihr Idol, ihr Adoptivschwarm, hier saß Kevin Costner, der Star, der mit dem Wolf tanzt! Ich rief im Büro an, sie war bei einem Termin, wie man mir sagte; ich ließ ihr Handy klingeln; es war ausgeschaltet. Eine halbe Stunde habe ich versucht, sie herbeizutelefonieren, alles am Tisch von Costner, der mir dabei wohlwollend geschmeichelt zuhörte. Er erfüllte mir schließlich auch gern und routiniert meine Bitte, mir »wenigstens« eine Autogrammkarte für sie mitzugeben.

Am Abend erzählte ich meiner Frau von ihrem

Missgeschick und tröstete sie mit dem Autogramm. Nachdem sie sich gefasst hatte, sagte sie: »Und?! Wie war er?«

»Du wirst lachen«, sagte ich. »Er war kleiner, als ich gedacht hatte.«

Über den Wolken mit
Jacqueline Bisset

Das war damals, 1974, einer meiner liebsten Filme: François Truffauts »Amerikanische Nacht«, mit dem der französische Nouvelle-Vague-Regisseur gleichzeitig Hollywood huldigte und das Star-Kino milde belächelte – eine melancholische Komödie über die Kinder des Kino-Olymp. Blaue Filter vor den Kameralinsen verwandelten die tagsüber gedrehten Bilder in Nachtaufnahmen, in Szenen einer amerikanischen Nacht.

Jacqueline Bisset spielte den weiblichen Star. Sie war schön, eine unnachahmliche Mischung aus europäischer und amerikanischer Schauspielerei, zum Träumen und Verlieben mit der Illusion der Desillusion. Und Truffaut träumte die Vorahnungen seines Todes.

1993, also 19 Jahre später, bekam ich vor der deutschen Premiere von »Schindlers Liste« einen

Interview-Termin mit Steven Spielberg in seinem Studio am Rande des Universal-Geländes. Dazu musste ich in drei Tagen zweimal sechzehn Stunden fliegen, nach Los Angeles und zurück, und damit ich keine Flugthrombose bekäme, bezahlte mir mein damaliger Arbeitgeber, DER SPIEGEL, einen Flug Erster Klasse. Ich schwebte also liegend über den Atlantik und den nordamerikanischen Kontinent, der Rückflug war so etwas wie meine amerikanische Nacht. In der Wartelobby des Flughafens sah ich, dass auch Jacqueline Bisset den gleichen Flug gebucht hatte, und als wir eingestiegen waren, stellte ich fest, dass ich neben ihr saß (und später auch liegen sollte), nur durch den Gang im Obergeschoss des Jumbos getrennt, und wenn ich die Augen schloss, erinnerte ich mich an Bisset, wie sie in »The Deep« mit ihren Sommersprossen und den wunderbar klaren blauen Augen aus der Karibik-Tiefe an die glitzernde Wasseroberfläche schoss, eine meergeborene, sportgestählte Venus, ein Kinotraum von Ferien und Abenteuer. Öffnete ich die Augen, dann war sie wirklich da, in eine graue Decke gewickelt. Später kam die Stewardess und fragte, ob ich denn rauchen wolle (offenbar ging das 1993 in der Ersten Klasse der Lufthansa noch), und als ich verneinte, nein, nein, ich sei Nichtraucher, bot sie mir an, ich könne mich weiter nach hinten setzen. Denn meine Nachbarin, sie deutete diskret auf Jacqueline Bisset, wolle rauchen und mich dabei nicht stören. Ich ließ meiner Nachbarin bestellen, dass mich ihr Rauchen keineswegs stören würde. Vielleicht habe ich ihr sogar sagen lassen »Ganz im Gegenteil«, weil man als Fan ja immer übertreibt. Jedenfalls schenkte sie mir in der Folgezeit während der Züge an ihrer Zigarette ein freundliches, ja dankbares Lächeln über den schmalen Gang hinweg und fächelte gleichzeitig den Rauch aus meiner Richtung.

Natürlich wollte ich sie nicht fragen, ob sie Jacqueline Bisset sei und sagen, dass ich sie gleich erkannt hätte und das so viele Jahre nach ihrem letzten Film, und dass sie sich nicht verändert habe, ganz im Gegenteil. Aber ich hatte in meinem Handgepäck den herrlichen Prachtband über die Universal-Studios von Uwe Hirschkorn dabei, der mir in meiner Sammlung von Büchern über die großen Hollywood-Studios noch gefehlt hatte, und den ich am Nachmittag in einem Antiquariat am Hollywood Boulevard gefunden und gekauft hatte. Ich hatte diesen kostbaren Fund natürlich nicht mit dem Gepäck aufgegeben, sondern bewachte ihn die Reise über lieber selbst. Mir fiel ein, dass Bisset für Universal 1978 mit Anthony Quinn »The Greek Tycoon«, »Der große Grieche«, gedreht hatte: Sie spielte Jacqueline Kennedy, Quinn den Reeder Onassis. Ich blätterte, suchte das entsprechende Bild, fand es, und als sie mich wieder anlächelte, zeigte ich ihr den Band und das Bild. Was ich in meinem Eifer vergessen hatte: »Der große Grieche« ist einer der miserabelsten Filme, die je das Licht der Leinwand erblickten.

Und das wusste natürlich niemand besser und schmerzlicher als Bisset. Meine subtil gedachte Wiedererkennungsgeste war in Wahrheit eine Taktlosigkeit. Jacqueline Bisset lächelte von da an nur noch etwas angestrengt zu mir herüber.

Was **Steven Spielbergs** Film »Schindlers Liste« auslöste

Das hat uns damals schon sehr beeindruckt: Zum Interview mit Steven Spielberg, das Urs Jenny und ich im Mai 1984 für den SPIEGEL führten, holte uns am Flughafen von L. A. eine Stretch-Limousine ab. Wir saßen hinten hinter abgedunkelten Scheiben, vor uns im Wagen-Fond gab es Eis und Getränke wie in einer Bar und natürlich war der Chauffeur livriert, der uns ins Beverly Wilshire Hotel fuhr, das zwischen dem Vordergebäude und den hinteren Hotelbauten eine Auffahrt hatte, die so prächtig war, dass man sich unwillkürlich duckte und meinte, man wäre nur mit einem »Oscar« in der Hand berechtigt, so vorgefahren zu werden.

Hollywood empfing uns mit seinem Imponier-Imperialismus, und ich war umso erstaunter, wie lässig, ja ungezwungen es am nächsten Tag bei Spielbergs Amblin Entertainment zuging. In dem im mexikanischen Landhausstil gebauten rotbraunen Gebäude wuselten lauter junge Frauen und Männer herum, die vor Gegenwart und Zukunft schier aus den Jeans zu platzen schienen, sie hatten Pappbecher mit Kaffee in der Hand und waren so lässig, dass sie durch Generationen von dem Stretch-Limousinen-Hollywood getrennt schienen. Angehörige einer modernen Kinowelt.

Spielbergs Büro liegt am Rande der gewaltigen Hallen der Universal im Valley, und da herrscht meist brütende Hitze. Zwar blickte man durch die Fenster in dem klimatisierten Raum (was uns Deutschen 1984 noch ziemlich imponierte) auf einen riesigen Golfplatz, um dessen prächtiges Grün sich zahlreiche Rasensprenger abmühten, Spielberg selber, der sympathisch zerzaust und mit zerwuseltem Bart den Raum im Sweatshirt betrat, wirkte eher wie ein junger Techniker oder College-Prof, aber nicht wie ein Film-Tycoon, und wenn der erfolgreichste Filmemacher aller Zeiten (der er damals abwechselnd mit George Lukas immer wieder war) eine Aura um sich verbreitete, so war es die der totalen Ungezwungenheit. Er schien einer Welt ohne Schranken anzugehören, die offen für alles war und in der alles möglich schien.

Bald gab es ein Problem, ein kleines Problem. Wir brauchten für den SPIEGEL das obligatorische Gesprächsfoto und sagten, auf dem Studio-Gelände würde sich doch sicher ein Fotograf oder zumindest ein Fotoapparat auftreiben lassen. Spielberg rief seine Assistentin, die wiegte skeptisch den Kopf und sagte, da gebe es ein Problem.

Nämlich?, fragte Spielberg, und sie erläuterte ihm, dass doch George Lukas alle Rechte an der Syndikalisierung des Filmes hätte, und da dürften auch keine Fotos gemacht werden, die dürften nur die Leute von Lukas ... Spielberg erläuterte uns das, und wir machten ihm klar, dass wir ohne ein Gesprächsfoto nicht nach Hause kommen dürften, also fragte er seine Assistentin, ob sie nicht doch einen Fotoapparat auftreiben könne. Und als sie mit einer ziemlich primitiven Schnell-Kamera kam, ließ er nach einer anderen suchen und half uns dann, ganz technikbegeisterter Filmer, bei der Einstellung, drückte der Assistentin den Apparat in die Hand – und wir hatten unsere Bilder; dunkle, ziemlich unscharfe Bilder, wie sich nachher herausstellen sollte; Bilder, über die unsere Bildredakteure im SPIEGEL später böse motzten, obwohl doch der fachkundigste Filmemacher die Kamera eingestellt hatte.

Das war wie gesagt 1984, Spielberg war damals siebenunddreißig und galt als Wunderkind, und als wir am Nachmittag am Strand in Malibu waren, spielten da die Kinder in den Wellen noch immer mit aufblasbaren weißen Haien, worauf andere Kinder kreischend aus der Gischt und den Wellen des Pazifik flüchteten.

Neun Jahre später, 1993, flog ich wieder zu Spielberg, diesmal um ein Interview über »Schindlers Liste« zu führen. Der Film sollte kurz darauf in

Deutschland anlaufen. Spielberg sah noch immer jungenhaft aus, auch wenn er inzwischen ziemlich viele graue Haare hatte. Ich war geschmeichelt, dass er mich wieder erkannte (»Natürlich erinnere ich mich, die Sache mit dem Fotoapparat«), aber wahrscheinlich hatte ihn seine Assistentin vorher kurz gebrieft. Ich hatte außerdem ein gutes Zusatz-Entree, indem ich ihm Grüße von meiner Schwiegertochter Bettina Kupfer bestellte, die eine eindringliche Episode in dem Film gespielt hatte und die mir voller Begeisterung von den Dreharbeiten in Krakau erzählt hatte: von Spielbergs Professionalität und von der menschlichen Wärme und Lockerheit, die trotz aller Anspannung wegen des bedrückenden Stoffs, die auf dem Set geherrscht habe ... Sie war sehr beeindruckt von seinem Ernst beim Drehen.

Es wurde ein schönes, langes Gespräch, bei dem Spielberg viel von seiner Kindheit erzählte, von seiner jüdischen Kindheit in Amerika in einer Gegend, wo vor seinem Haus als einzigem, da seine Mutter Jüdin war (sie lebte vom Vater getrennt) kein Weihnachtsbaum stand. Und immer wenn ich an das Gespräch denke, das Spielberg frei von Larmoyanz führte und das – es war sicher sein fünfzigstes zu dem Film – trotzdem spontan verlief: Es war klar, dass er sich mit keinem seiner Filme so »autobiografisch« beschäftigt hatte.

Am nächsten Morgen besuchte ich Billy Wilder und erzählte ihm, dass ich bei Spielberg gewesen sei und der achtundachtzigjährige Wilder wiederum erzählte mir, was ihm widerfahren sei, als er Spielbergs Film gesehen habe. »Du wirst es mir nicht glauben«, sagte Wilder, »aber obwohl ich es doch besser wusste, nämlich, dass das nur ein Film ist, habe ich immer wieder gedacht, jetzt würde gleich meine Mutter auftauchen, so wahr und lebendig schien mir der Film!« Wilders Mutter ist, wie seine Großmutter und Tante, in Auschwitz ermordet worden.

Spielberg und Wilder haben sich dann kurze, bewegende Briefe über diesen Film geschrieben.

4. Januar 1994

Lieber Billy,

ich las, was Sie vor den Ferien in Army Archerds Kolumne über Schindlers Liste sagten, und nun muss ich Ihnen einfach schreiben, wie überglücklich Ihre Worte mich gemacht haben.

Ich sehe mich als prominenten Vertreter Zehntausender von Kollegen in der Filmindustrie, die der Meinung sind, dass es auf der ganzen Welt keinen Besseren gibt als Sie. Ich selber habe mich reichlich und schamlos aus Ihren Filmen und Drehbüchern bedient. Sie sind es, der mein Reservoir an Inspiration wieder auffüllt, wenn ich mir »Boulevard der Dämmerung« oder »Fünf Gräber bis Kairo« oder »Manche mögen's heiß« oder »Das Apartment« oder »Stalag 17« oder »Lindbergh: Mein Flug über den Ozean« noch einmal ansehe – diese

Liste ließe sich fortsetzen, aber ich fürchte, dann würden Sie nicht weiterlesen.

Ich hoffe, Sie haben das Buch zu FADE IN schon geschrieben: Damit Sie die Geschichte erzählen können, die Sie längst hätten erzählen sollen. Über den Holocaust kann gar nicht genug berichtet werden.

Meine allerbesten Wünsche für ein großartiges 1994, Steven Spielberg

Donnerstag, 13. Januar 1994

Lieber Steven,

dies ist nun mein vierter Versuch, auf Ihren wunderbaren Brief zu antworten. Ich weiß einfach nicht, wie ich es anfangen soll. Jedes Mal gerät er mir zu rührselig oder zu schwärmerisch oder zu weinerlich.

Was Sie geschaffen haben, ist mehr als bloß ein Film. Er ist ein »Ich klage an«, ein »Panzerkreuzer Potemkin« oder eine »Schlacht um Algier«. Er ist schwarz – weiß. Er hat keine Handlung, keine Geschichte, keine Spezialeffekte. Er ist wahr. Er wurde nicht von Hollywood vorgegaukelt. Er ist wahr. Er ist ein leiser, quälender Schrei, den Millionen rund um den Erdball hören werden. Das Meisterwerk eines MENSCHEN.

Wenn ich sterbe, wünsche ich mir, dass Ihr Brief von einer ganz schlichten Stimme gelesen wird. Nichts Ausgefallenes. Keine Blumen. Keine Wiener Musik. Keine schwülstigen Reden. Nur Ihr Brief. Habe ich Ihr Einverständnis?

Herzlichst,
Ihr Billy

Ich sollte vielleicht anmerken, dass das Wort »Mensch« auch im englischen Original so heißt: »Meisterwerk eines Menschen« ist »masterpiece of a mensch«. Und Mensch ist jiddisch und heißt so viel wie »menschlicher Mensch«, »wirklicher Mensch«. »Be a mensch!«, ruft der Arzt Jack Lemmon im »Apartment« zu: Sei ein wahrer Mensch!

Am 1. März sah ich Spielberg kurz bei der Frankfurter Premiere, der deutschen Erstaufführung von »Schindlers Liste«, wieder. Viele Besucher hatten während und nach dem Film Tränen in den Augen und Marcel Reich-Ranicki und seine Frau sind mit mir und meiner Frau noch in den »Frankfurter Hof« gegangen, wo Reich, für mich zum ersten Mal, obwohl ich ihn schon seit siebenundzwanzig Jahren kannte und schon bei der ZEIT nach 1968 mit ihm zusammen gearbeitet hatte, aus seiner Zeit im Warschauer Getto erzählte. Der Film hatte ihn so bewegt, dass sich seine Zunge löste, er lange erzählte, was ihm und seiner Frau widerfahren war.

»Marcel, das musst du aufschreiben! Unbedingt!«, sagte ich mehrmals. Und seine Frau, »Toscha«, nickte zustimmend. »Das sage ich dir auch immer!«, sagte sie zu ihm. Und es ist sicher, dass ihn Spielbergs Film so aufgewühlt hatte, dass er sein Erinnerungsbuch »Mein Leben« zu schreiben begann.

Und noch eine Folge hatte der Film. Sigrid Löffler schrieb drei Tage nach der Frankfurter Premiere (am 24. Februar 1994) in der »Wochenpost« eine Kritik zu Spielbergs Film mit der Überschrift »Kino als Ablass« und der Unterzeile »Spielbergs misslungener Film«. Darin schrieb sie, dass der Film »als seelische Schnell-Reinigung, als Instant-Absolution, als Gefühls-Quickie« funktioniere: »Da wird die Kinokarte zum bequemen Ablasshandel.« Sigrid Löffler begann ihre Kritik: »Nichts leichter als das. Nichts einfacher als mittels Gefühlskino Gefühle wachzurufen.« Als ich das las, dachte ich: Daran ist alles falsch und schief! Es las sich so, als wollte sie sich nachträglich gegen die Wirkung des Films abpanzern, abkapseln.

Ich glaube, dass es diese Kritik war, die sowohl Reich-Ranicki als auch ich als unterschwellig antisemitisch empfanden (ein Antisemitismus, der sich mühsam hinter puritanischer Entrüstung über ein Kino, das Emotionen weckt, tarnt), die dem »Quartett« den Knacks zufügte, an dem es dann einige Jahre später zerbrechen sollte. Mein Verhältnis zu Sigrid Löffler war jedenfalls seit damals getrübt – noch dazu, da wir uns in einem Gespräch über den Film und ihre Rezension nur noch weiter auseinander geredet hatten.

Wie ich **Peter von Zahn** aus dem Zug lockte

Das mag 1995 oder 1996 gewesen sein, jedenfalls war es im Dezember, und ein Dienstag war es auch, soweit ich mich erinnere. Ich fuhr mit dem IC von Hamburg nach Essen, es war Nachmittag, düster, fast schon dunkel, von Zeit zu Zeit fiel dicker, flockiger Schnee, die Landschaft zwischen Hamburg und Bremen war, ein seltener Anblick im ewig pieselig-niesligen deutschen Herbst, von dämmrigem Weiß, Schnee, so weit das Auge reichte. Ich sollte am Abend aus meinem 50er-Jahre-Buch »Go West« in Mönchengladbach lesen, deshalb in Essen aussteigen, von wo man mich abholen wollte.

Für den Notfall, der Zug könnte ja wegen des unerwartet heftigen Schneetreibens Verspätung haben, hatte ich das Handy dabei, das zwar während der Fahrt zu der Zeit noch nicht funktionierte, das man aber bei einem Halt bei geöffneter

Tür notfalls hätte benutzen können. Damals waren Handys zwar nicht mehr selten, aber noch ziemlich neu: klobige Knochen mit wenig Funktionen, es fehlten also noch völlig jene jungen SMS-Benutzer im Zug, die während der ganzen Fahrt unverwandt auf ihr zierliches Gerät starren, das Handy in der Linken und mit der Unterseite des rechten Daumens unablässig Buchstabensignale in die Welt drücken: eins, zwei, drei, vier auf der Neun, eins, zwei auf der Drei, eins zwei, drei auf der Vier, eins, zwei auf der Sechs ...

Auch die Zukunft des UMS-Handys war noch weit: Man konnte per Handy weder ein Spiegelei braten, noch einen Stadtplan lesen oder einen Softcore-Porno sehen. Man konnte nur, und auch nicht immer, von unterwegs telefonieren.

Dafür traf ich im Zug Peter von Zahn, den auf angenehme Weise alt gewordenen Reporter der »Windrose« und genoss bei der Unterhaltung seinen bedächtigen Singsang in der Stimme mit dem unverwechselbar sächsischen Unterton. Wir unterhielten uns mit einem hohen Bundeswehroffizier, ich glaube, über Auslandseinsätze der Bundeswehr. Oder so ähnlich.

Dann ging ich in den Speisewagen, und als ich dort an meinem Kaffee schlürfte, ertönte, nachdem der Zug ziemlich heftig abgebremst hatte und stehen geblieben war, eine Lautsprecheransage. Wegen einer technischen Schwierigkeit verzögere sich die Weiterfahrt auf unbestimmte Zeit. Weitere Informationen würden folgen ...

Der Zug stand und stand, draußen schneite und schneite es, die Dunkelheit wuchs, im Zug kam langsam Unruhe auf. Und obwohl niemand etwas über Lautsprecher angesagt hatte und auch kein Schaffner in Sicht war, sickerte allmählich durch: Ein Mann habe sich vor den Zug geworfen, von einer Brücke sei er gesprungen. Schrecklich! Furchtbar! Und das könne Stunden dauern. Dann hörte man auch Polizeisirenen, sah Blaulicht und erahnte im Dunkeln Rettungswagen.

Die Passagiere wurden unruhig, Geschäftsleute fürchteten um ihre Termine, Familienväter wollten ihre Angehörigen benachrichtigen, ich rief mit meinem Handy den Verlag in Hamburg an und die Volkshochschule oder die Buchhandlung in Mönchengladbach. Vor dem Kartentelefon im Zug hatte sich eine lange Schlange gebildet, aber ich war ja Handybesitzer, damals der einzige weit und breit.

Der Zug stand neben einem kleinen Bahnhof, der verlassen und verschlossen war, nach Bremen waren es schätzungsweise 15 bis 20 Kilometer. Also hatte ich eine Idee. Wie wäre es, wenn ich ausstiege, mir über die Auskunft die Bremer Taxizentralennummer besorgte und mir einen Wagen zum kleinen Bahnhof bestellte. Ich erläuterte mein Vorhaben Peter von Zahn, zu dem ich ins Abteil zurückgekehrt war, drei, vier Herren, die unser Gespräch hörten, fanden das eine hervorragende Idee und fragten, ob sie sich anschließen könnten.

Wir stiegen im Pulk aus. Mir nach, meine Herren!, rief ich und hielt mein Handy hoch wie ein Fremdenführer an der Akropolis das Erkennungsschild seiner Gruppe. Wir zählten durch, wir waren sechs, also beschlossen wir, dass ich zwei oder drei Taxen bestellen sollte. Gesagt, getan! Ich war mit dem Handy Herr der Lage!

Wir warteten, zehn Minuten, fünfzehn Minuten, eine halbe Stunde. Auf der Landstraße vor dem Bahnhof. Die Menschen im stehenden IC warteten auch. Im warmen Zug. Ich rief noch einmal an. Die Taxis seien schon unterwegs. Aber der Schnee …

Weitere zehn Minuten verstrichen und immer noch waren keine Taxis in Sicht. Da setzte sich auf einmal der Zug in Bewegung, langsam, majestätisch, fast geräuschlos. In meiner Erinnerung ist es auf einmal das Bild eines silberweißen rot gestreiften ICE, der mit seinen Lichtern verschwand und uns im Dunkel zurückließ. Er schwebte davon, wir blieben zurück.

Vor kurzem noch wegen meines Handys als Retter gefeiert, stand ich auf einmal doch recht traurig in meiner Gruppe da. Ich hatte alle in die kalte Einöde gelockt. Schon deshalb werde ich das gütige Lächeln Peter von Zahns nicht vergessen. Schon gut, schien es auszudrücken. Und: Macht nichts! Und: Sie haben ja das Beste gewollt, im Grunde genommen!

Wie ich mit **Reich-Ranicki** plötzlich in Finnland war

Vor einigen Jahren, Anfang der neunziger Jahre, bekamen Marcel Reich-Ranicki und ich in gleich lautenden Briefen eine Einladung: Die Schule Stein in Oberbayern, eine höhere Privatschule, bitte uns beide zu einer Diskussion mit den Schülerinnen und Schülern und zu einem Zwiegespräch über deutsche Literatur und Kritik. Das Internat, eine der teuren und angesehensten Privatschulen in Deutschland, in reizvoller Landschaft und in einem historischen Schloss angesiedelt, feierte ein Jubiläum, zu dem sie auch ehemalige Schüler einladen wollten, und Reich und ich waren als Teilnehmer gebeten, natürlich wegen des »Literarischen Quartetts«.

Reich rief mich an oder ich ihn, wir unterhielten uns über die ungewöhnlich großzügige Einladung durch eine Schule: Für uns sollten Hotelzimmer in dem Münchener Hotel »Vier Jahreszeiten« reserviert werden und zu der Vorstellung würde uns ein ehemaliger Schüler mit dem Auto aus München abholen und anschließend wieder zurückfahren. Flugtickets für uns beide nach München würden in Hamburg beziehungsweise in Frankfurt hinterlegt werden, alles war auf das Beste vorausgeplant.

Natürlich fühlten wir uns durch die Einladung auch ein wenig gebauchpinselt: Eine Schule, die sich von einem spendablen Mäzen, wahrscheinlich einem früheren Schüler, ausgerechnet uns beide mit einem Gespräch über Kritik zu ihrem festlichen Jubiläum schenken lassen wollte.

Wir nahmen die Einladung, die in den Sommer fiel und in unsere Terminkalender passte, schon allein, weil sie sehr frühzeitig vorausgeplant war, also an, wurden im Münchener Hotel von angenehmen jungen Menschen auf das Reizendste empfangen und Richtung Alpen zur Schule Stein gefahren. Der gemeinsame Abend mit den vielen Schülerinnen, Schülern und Lehrern verlief auf das Angenehmste, es gab nach der Diskussion einen Empfang in den schönen Räumen der Schule, ein Büfett, kalte Getränke, lebhafte Gespräche, dann wurden Reich und ich nach München zurückgefahren. Das einzig Merkwürdige dabei: Frau Reich wurde in einen anderen Wagen gebeten, weil zu uns ein Redakteur einer Zeitung einstieg, der uns bis Rosenheim begleiten und interviewen sollte. Und er sagte uns, es wäre besser, wenn wir dabei, Reich, er und ich, »unter uns« wären. In Rosenheim stieg er dann aus und wir fuhren zu dritt weiter, unser netter Chauffeur und wir.

Es war inzwischen stockdunkle Nacht, die Landstraße war leer, der Himmel sternenklar, als wir plötzlich – der Fahrer bremste scharf – in eine wie in bengalisches Licht getauchte Nebelwand einfuhren, die auch noch um uns zu kreisen schien. Der Fahrer bremste, murmelte etwas wie »Das gefällt mir nicht«, dann lichtete sich der Nebel, wir sahen merkwürdige Verkehrszeichen mit aufgemalten Elchen, ein Schild »Helsinki 30 km«. »Sag mal«, fragte mich Reich-Ranicki, »gibt es in Bayern ein Helsinki?«

Der Fahrer sagte, er habe Probleme mit dem Wagen, mit dem Motor, er müsse zu einer Tankstelle, und so fuhren wir auf eine zu, die mitten in der Nacht hell erleuchtet war. Drinnen lauter seltsam fremde Menschen, die eine fremde Sprache sprachen, sie verstanden uns nicht, sagten was von Helsinki, bis uns ein Mann, der Deutsch radebrechen konnte, erläuterte, dass wir in Finnland, in der Nähe von Helsinki seien. Wir wollen nach München, sagten wir. Nix München, sagte er, Helsinki.

Es war seltsam, der Fahrer war weg, wir konnten unseren Kaffee nicht mit deutschem Geld bezahlen, auf den Regalen standen finnische Produkte, ja selbst ein Taschenbuchstand war da, auf dem Reich zu seiner Freude Thomas Mann entdeckte. Thomas Mann hier! Auf Finnisch!

Zwischendurch murmelte er mir etwas zu, ob ich was von einer finnischen Siedlung in Bayern wüsste. Dann aber war er ganz begeistert, als unser sprachungewandter Dolmetscher (es war der glänzend übertrieben einen Finnen radebrechende Fernsehproduzent Maurice Philipp Remy) ihn zu erkennen schien, mehrmals »Ranickkennen! Ranickkennen!« rief und eine Zeitung aufpackte, in die ein Hering gewickelt war. Da war fettig glänzend, in einer finnischen Zeitung, ein Bild von Reich-Ranicki gedruckt. Vor Freude schlug Reich mit der Hand auf den Tisch, während es draußen immer merkwürdiger wurde. Mitten im Sommer fuhr ein Elchschlitten vor, ein finnisches Polizeiauto, finnische Polizisten. Schließlich ein Auto aus den Zwanzigern mit einem Paar wie aus einem alten Film, aus der Ragtime-Zeit des »Großen Gatsby«.

Wir waren mit unserer Reise nach Stein der ZDF-Sendung »Verstehen Sie Spaß« auf den Leim gegangen und wurden auf einmal mit lautem Hallo! aufgeklärt.

Hatte Reich geglaubt in Finnland zu sein? Ich glaube nicht. Aber dass er es gerne geglaubt hätte, als er sein Bild groß in der finnischen Zeitung sah, das glaube ich auch.

Wie **Billy Wilder** mir sein letztes Drehbuch erzählte

Kurz vor seinem achtzigsten Geburtstag, also im Frühsommer 1986, besuchte ich Billy Wilder in Beverly Hills. Er arbeitete damals noch bei United Artists, in dem blitzend in der Sonne funkelnden Hochhaus, auf dessen Dach die Neonreklame »Roxane« stand, hatte ein Büro in einem der oberen Stockwerke, das mit Pop-Art-Bildern dekoriert war, eine Vorzimmerdame und, wichtig, wichtig für Hollywood!, einen eigenen Parkplatz mit Namensschild.

Er begrüßte mich mit seinem Englisch in hinreißend österreichischer Modulation, wechselte, als er mein Englisch hörte, rasch ins Deutsche, aus dem er leicht und übergangslos ins Englische sprang und wieder zurück. Er war ein eleganter und salopp zugleich gekleideter Mann, hatte im Büro einen Pepita-Hut auf und sein Blick funkelte, neugierig?, spöttisch?, durch seine dicke Brille. Er war ebenso europäisch, ein älterer Herr aus Österreich, wie amerikanisch, locker, lässig, höflich, ungezwungen: Ich sollte mich später an eine Formulierung von David Thomson erinnern: »Wilder brachte es fertig, dass ›Old Hollywood‹ wie eine Wiener Vorstadt wirkte.« Er schaffte das Kunststück, gleichzeitig Amerikaner mit Leib und Seele und Europäer mit Herz und Verstand zu sein.

Der amerikanischste Filmemacher und der europäische Regisseur, das war eine der Quadraturen des Kreises, die dieser ungewöhnlich charmante, witzige große kleine Mann meisterte. Sein Leben und sein Jahrhundert haben ihn genötigt, mehrere solcher einmaliger Kunststücke fertig bringen zu müssen. Er hat sie alle, man muss sagen, weltmeisterlich bewältigt. Nie sah man den Schmerz und die Pein der Übung; nur er hat sie, nach außen klaglos, bezahlt: mit monatelangem Rückenleiden, mit wochenlanger Schlaflosigkeit.

Nach zwei Stunden Gespräch in seinem Büro führte er mich in ein Gartenlokal (eine Rarität in Hollywood) in der Nähe des Rodeo Drive. Es war die Dependance des berühmten »Bistros«, ein Wiener Emigrant betrieb es. Wilder hatte es aus Heimweh mitfinanziert, es gab Schweinswürstl und Sauerkraut, Bier im Seidel, und Wilder erzählte von Egon Erwin Kisch, Remarque, Willy Forst und Ferenc Molnár. Und über Marilyn Monroe, Jack Lemmon, Arthur Miller, Ronald Reagan, Raymond Chandler ... Er war eine übersprudelnde Quelle, in Berlin, Wien, Paris, London, New York gleichermaßen zu Hause, voll von Geschichten und Anekdoten, in denen sich sein liebenswürdiger Witz, seine Lebenserfahrung und seine menschenfreundliche Skepsis offenbarten. Und er hatte, was man in Hollywood eigentlich nie hat: Er hatte Zeit. Er hatte seit 1981, also damals seit fünf Jahren, keinen Film mehr gemacht. Das passiert in Hollywood. Ich erinnere mich noch wie John Travolta, der Schauspieler und Tänzer, jahrelang einsam in Lokalecken herumsaß, weil er zwischen »Saturday Night Fever« und »Pulp Fiction« sieben Jahre keine Rolle mehr bekam. Und wie man Wolfgang Petersen nach seinem Flop »Enemy Mine – Geliebter Feind« (1985) acht Jahre warten und nervös antichambrieren ließ, bevor er sein Comeback 1993 mit »In the Line of Fire – Die zweite Chance« bekam. Nur: Travolta wie Petersen waren wesentlich jünger als Wilder, für den es ein Comeback nicht mehr geben sollte.

Irgendwann in der ersten Woche, in der wir zusammen waren – Wilder lud mich, wie alle seine Gäste damals, abends mit seiner Frau Audrey ins »Spago's« ein (auch so eine austro-amerikanische Liaison mit dem Koch Wolfgang Puck und Gästen wie Arnold Schwarzenegger) –, irgendwann habe ich ihn dann doch gefragt, woran er gerade schreibe: das heißt, nein, der Filmemacher, der »Auteur« Wilder, der seit 1942 auch alle seine Filme selbst geschrieben hat, hat es mir unaufgefordert erzählt.

Er schreibe also an einem Film, der so anfange ... und Wilder begann zu erzählen: Also da fährt ein offener VW-Käfer die Küstenstraße hinter Santa Monica und Malibu entlang, sie ist kurvig und der Zuschauer sieht, wie dem VW Autos entgegenkommen, deren Fahrer schauen fassungslos; man sieht, wie sie ins Schleudern kommen; man hört ihre Reifen quietschen. Und dann, Schnitt, sieht man endlich in den VW frontal hinein. Und da sieht man ein schönes junges Mädchen, das splitternackt am Steuer sitzt ... (dazu muss man sich vorstellen, dass damals die Vorstellung einer Nackten an Kaliforniens Pazifik-Küste einen ungeheuren Tabu-Bruch bedeutete; schon allein Nacktbaden war undenkbar und wäre sofort polizeilich geahndet worden). Wilder also erzählte den Anfang der Geschichte von der nackten VW-Fahrerin. Und ich fragte: »Und wie geht's weiter?« Und er antwortete: »Das weiß ich noch nicht! Aber es fängt doch hübsch an, finden Sie nicht auch? Einen Titel habe ich auch schon: ›Naked in The Folkswagen‹, klingt doch gut, oder?«

Das war also 1986. Und Wilder war Achtzig. Und seitdem habe ich ihn in Berlin getroffen, wo er den Goldenen Bären bekam und in Wien, wo er Ehrenbürger wurde und seinen Frieden mit Österreich machte und in London, wo er die Premiere des nach seinem Film »Sunset Boulevard« gedrehten Loyd-Webber-Musicals erlebte und in New York, wo er 1989 seine legendäre Kunstsammlung versteigerte (es war die Woche der Maueröffnung), und ich habe monatelang mit ihm zusammen seine Biografie in Hollywood geschrieben. Die erschien dann 1992, und danach habe ich ihn nur noch sporadisch besuchen können ...

Zum Beispiel 1996, also genau zehn Jahre nach der ersten Begegnung. Wilder hatte im Juli gerade seinen 90. Geburtstag gefeiert, ich war als verspäteter Gratulant gekommen und hatte ihm den Deutschen Filmpreis überreicht, und er hatte gesagt, nun könne er keine Preise mehr entgegennehmen, denn sonst würde seine Putzfrau kündigen, weil sie dauernd diese staubfängerischen Statuetten abstauben müsse. Mir fiel ein, dass er beim Lebenswerk-Award, dem Thalberg-Preis, gesagt hatte: Mit Auszeichnungen und Ehrungen sei es wie mit Hämorrhoiden, »früher oder später bekommt sie jedes Arschloch«.

Wir waren also abends essen, in einem anderen Lieblingslokal der Wilders, bei Mr. Chow, und das Alter hatte bei Wilder insofern seine unerbittlichen Kerben geschlagen, als er, der noch mit Achtzig leichtfüßig ging, jetzt einen Stock benutzte. Und er trank nicht mehr Wein oder Tee, sondern heißes Wasser. Sonst aber war er unterhaltsam und geistesgegenwärtig wie eh und je, vielleicht ein wenig schwerhörig und vielleicht suchte er etwas öfter nach Namen.

Am nächsten Morgen besuchte ich ihn in seinem Büro am Brighton Way (einer eleganten Nebenstraße des Rodeo Drive). Dorthin war er, nachdem er United Artists verlassen hatte, in ein kleines Einzimmer-Büro umgezogen und arbeitete da von zehn bis eins, bevor er zum Mittagessen in das Hamburger-Lokal Johnny Rockett's ging. Ich erinnere mich noch an das ständig auf einem Stehpult aufgeschlagene »Webster«-Lexikon, auf dem eine Lupe lag. Und an die ledergebundenen Drehbücher all seiner Filme in Amerika: mit Schreibmaschine auf inzwischen brüchig-vergilbendes Kopierpapier getippt, das hauchdünn war ...

Er hatte, als wir zusammen arbeiteten, den Blick auf den Brighton Way, auf den Armani-Laden und eine andere Edel-Boutique. Jetzt, im Juni 1996, blickte er auf den Hinterhof. »Weil ich da ein Vorzimmer habe, für meine Sekretärin«, sagte er. »Weil sie dich nach hinten geschoben haben«, sagte seine Frau Audrey. Und: »Du hast doch seit Jahren keine Sekretärin.«

Ich kam also in das etwas düstere Büro im Hintertrakt des im spanischen Stil der Vierziger einstöckig gebauten Hauses. Wir unterhielten uns, und nach einer Stunde dachte ich, dass ich den alten Mann nicht länger aufhalten sollte. Wir hatten, als wir gemeinsam arbeiteten, immer die Stunden von zehn bis eins und von zwei bis vier zusammen verbracht. Als ich also sagte, ich müsse gehen, huschte ein Schatten der Enttäuschung, ja Kränkung über sein Gesicht, und noch ehe ich meinen Fehler korrigieren konnte, um zu sagen, dass ich noch bleibe, sagte Wilder: »Schade!« Und dann: »Aber das ist auch gut! Ich habe ohnehin noch zu schreiben.«

Und ich fragte ihn, was er denn schreibe, und er erzählte mir von einem Volkswagen, der die Küste entlang fahre. Die entgegenkommenden Wagen kämen ins Schleudern, die Fahrer blickten entsetzt ... ›Naked in The Folkswagen‹, solle der Film heißen.

Ich fragte nicht: »Und wie geht's weiter?« Wilder hat es mir von selbst erzählt. Es stellt sich raus, sagte er, dass das Mädchen ein paar Jahre lang die Geliebte eines Mafioso war, der in Palm Beach lebte und in dessen Haus sie gezogen war. Er hatte ihr alles geschenkt, Pelze, Schmuck, Haute-Couture-Kleider, Schuhe, einen teuren Mercedes. Sie sei, als Studentin, mit ihrem VW-Cabrio zu ihm gekommen. Und als sie erkannt habe, wer und wie er wirklich sei, habe sie alles, was er ihr geschenkt habe, zurückgelassen und ihn nackt, nur mit ihrem Volkswagen, verlassen. Eine Story also, die grotesk und überraschend anfängt und die sich zu jenen moralischen Geschichten ausgeweitet hätte, wie sie Wilder im »Apartment« oder in »Kiss me, Stupid« erzählt hatte. Ausgeweitet hätte! Hätte! Wenn er sie wirklich weitergeschrieben hätte.

Es war ein offenes Geheimnis, dass der größte lebende Filmemacher Hollywoods seit den Achtzigern als hoch geehrter, immer wieder preisgekrönter Rentner beiseite geschoben wurde. 1986, als ich zum ersten Mal Wilder besuchte, lief »One, Two, Three« gerade als Kultfilm in Berliner, Hamburger, Münchner und Frankfurter Programm-Kinos – Abend für Abend jubelten die Zuschauer, meist Studenten, dem Film zu, sprachen Dialogzeilen mit – wie bei der »Rocky Horror Picture Show«. Bei der Premiere 1961, also fünfundzwanzig Jahre vorher, war der Film in den USA wie in Deutschland durchgefallen; er sei albern, mache sich frivol lustig über die Teilung von Ost und West. Damals war die Mauer gebaut worden, von der Wilder wusste, dass sie Coca-Cola auf die Dauer nicht würde standhalten können. Er sollte in dem Film »Eins, zwei, drei«, obwohl vom Mauerbau überrascht, nachträglich, nach dem Mauerfall, zum Propheten werden. Als ich ihn fragte, ob er sich nicht freue, dass »Eins, zwei, drei« auf so wunderbare Weise rehabilitiert worden sei, sagte er bitter: »Zu spät. Was hilft es mir, wenn ein Produzent jetzt sagt, Wilder hat einen großen Erfolg mit einem Film, der vor fünfundzwanzig Jahren gedreht wurde. Und ein anderer sagt: vor fünfundzwanzig Jahren! Ob der jetzt noch drehen kann, ist doch sehr die Frage. Der gehört doch längst zum alten Eisen!« Und dann erzählte mir Wilder die Anekdote von dem Mörder, dem man am Abend vor der Hinrichtung eine üppige Henkersmahlzeit nach seinen Wünschen kredenzt habe. »Jetzt gebt ihr mir zu essen, wo es zu spät ist. Hätte ich früher so üppige Mahlzeiten statt Hunger gehabt, ich wäre nie zum Mörder geworden.«

Für Wilder, dem wir mindestens eine Hand voll der wichtigsten Filme des 20. Jahrhunderts verdanken (gäbe es nur »Some Like It Hot«, wäre er unsterblich), kam dieses Revival zu spät.

Wie ich **Hugh Johnson** pries und dem Weinpapst eine Sehne riss

Am 28. März 1998 hatte ich mittags das Vergnügen, mit dem Weinpapst Hugh Johnson (er war damals noch unangefochtener Alleinherrscher, Robert B. Parker war mir noch nicht bekannt) in Stuttgart auf der »Wielandshöhe« von Vincent Klink zu »speisen« (»essen« wäre in diesem Zusammenhang ein viel zu niedrig gegriffener Ausdruck), natürlich war jeder Gang von ausgezeichneten badischen und württembergischen Weinen begleitet, Klink hatte damals den von Gault Millaut zum Sommelier des Jahres erwählten Bernd Kreis zur Seite, und man wollte sich vor dem illustren Weinkenner nicht lumpen lassen.

Wie ich zu dem Vergnügen kam? Am gleichen Nachmittag wollte die Gastronomische Akademie Deutschlands, die GAD, Hugh Johnson den Carl-Friedrich-von-Rumohr-Ring verleihen, und mich hatte man gebeten, die Laudatio auf den Preisträger zu halten. Ich hatte mich für diese Lobrede an einen kleinen Scherz erinnert, den ich Johnson vortragen wollte. England, nicht gerade ein Kernland des Weinbaus, um es vorsichtig zu sagen (Johnson führt in seinem Wein-Atlas Weinanbaugebiete in Süd-England unter dem geografischen Rubrum »Weine der Neuen Welt« an), verfügt über hervorragende Weinkeller, Weinkarten und Weinkenner. Es ist dies eine Kompensation des Mangels, wie man, so sagte ich, an der Tatsache sehen könne, dass der herrschende und amtierende Weinpapst ein Engländer sei. Meine Anekdote berichtet von einem Lord, der beschloss, in Sussex Wein anzubauen. Als er endlich die erste Ernte im Fass und in Flaschen hatte, ließ er ein Festmahl anrichten und lud Englands bekanntesten Weinkritiker zur feierlichen Weinpremiere. Der Lord schenkte ein und sah den Gast erwartungsfroh an; der schnüffelte, schwenkte, schnüffelte, roch, hielt das Glas gegen das Licht, probierte, ließ den Wein über Gaumen und Zunge wandern, trank dann mehrere bedächtige Schlucke, bis der Lord und frisch gebackene Weinbauer nicht mehr an sich halten konnte und fragte: »Nun? Und wie schmeckt Ihnen der Wein?« »Darf ich ehrlich sein?«, fragte der Weinkritiker, um, nachdem ihm diese Ehrlichkeit natürlich konzediert worden war, fortzufahren: »Es ist der schlechteste Wein, den ich je getrunken habe.« Er blickte in das betrübte und entsetzte Gesicht seines Gastgebers und fragte: »Wo kommt der Wein her?« Der Lord streckte seinen Arm aus und zeigte aus dem Fenster auf seinen Weinberg. »Oh!«, sagte der Weinkritiker, um dann kaltblütig fortzufahren: »Obviously it doesn't travel well.« Offenbar verträgt er den Ortswechsel nicht. Man sagt das ja gern über Weine, die einem bei bester Laune etwa auf einer griechischen Insel bei Mondschein köstlich geschmeckt haben und die, zu Hause im grauen Norden all ihren Charme und ihre Qualität verlieren. Sie reisen nicht gut!

Ich habe dann auch noch, mitten zwischen den Stuttgarter Weinbergen, also in der protestantisch pietistischen Heimat des Württembergischen Weins, meiner Laudatio angefügt, dass meine liebsten Feriengegenden über drei Eigenschaften verfügen müssten: Sie müssten katholisch sein – wegen der barocken Lebensfreude; romanisch-lateinisch – wegen der Esskultur; sie müssten Weinanbaugebiete sein – wegen des Genusses. Ich fügte noch hinzu, dass ich, was das Romanische anbetreffe, für Baden und Österreich zu Ausnahmen bereit sei: vor allem gegenüber Österreich, das nach dem Glykol-Schock und Skandal seine Weine besonders pflege und kultiviere.

Das alles wollte ich um 16 Uhr sagen, und zwar im Marmorsaal im Weissenburgpark in Stuttgart. Jetzt aber war es 13 Uhr, und wir saßen in der »Wielandshöhe« und aßen und tranken, wenn auch Letzteres nur sehr bedächtig – in Anbetracht der bevorstehenden Preisfeier. Die württembergischen Gastgeber verbanden mit der Preisverleihung auch eine schöne Hoffnung. Sie hatten Hugh Johnson am Vorabend nach Heilbronn geladen. Zu einer Weinprobe. Um seine abschätzige Meinung über die Trollinger ins Wanken zu bringen. Durch Überzeugungsarbeit am Ort. Denn Johnson hatte im »Großen Johnson« geschrieben: »Noblen Rotweinsorten wie Lemberger, Spätburgunder oder Samtrot (eine Spätburgunder Variante) kommt neben Trollinger und Schwarzriesling, die für gewaltige Mengen an einfachem Rotwein verantwortlich zeichnen, große Bedeutung zu … Leider muss man feststellen, dass derzeit in keinem anderen deutschen Anbaugebiet mehr Potential ungenutzt liegt als in Württemberg. Die Tatsache, dass Wein in solider Alltagsqualität hier so leicht abzusetzen ist, könnte der Grund dafür sein, dass es nur eine Hand voll Weinerzeuger mit Spitzenqualität gibt.«

Dass dies jetzt nicht mehr gelte, davon sollten Johnson weitere Besuche am nächsten Tag, unter anderem bei solchen brillanten und eleganten Winzern wie dem Grafen Adelmann, überzeugen. Vom Trollinger allein, so ließ Johnsons reserviert-skeptische Miene schließen, als er nach dem Abend in Heilbronn gefragt wurde, vom Trollinger also schien er nicht restlos überzeugt: »Obviously it doesn't travel well!«

Die Preisverleihung, die so schön im schönen Marmorsaal im Weissenburgpark begann, stand, so sollte sich herausstellen, unter keinem guten Stern. Nach meiner Laudatio hob Johnson zu einer Dankesrede an – in Englisch, die eine Simultanübersetzerin ins Deutsche übertrug. Da Johnson damit begann, wie miserabel er unmittelbar nach dem Krieg in Deutschland gegessen und getrunken habe, um vor dieser schwarzen Folie ein umso helleres, ja strahlendes Bild des heutigen kulinarischen Deutschlands zu entwerfen, entstand eine leichte Irritation. Denn die Dolmetscherin übersetzte erst den düsteren Teil der Sätze, das schlechte, ja miserable Früher deutscher Kulinarik, und erst dann war wieder Johnson dran, um in die Freuden- und Lobesfanfare auf das Heute zu stoßen. Also verdüsterten sich die Mienen der Zuhörer länger, als es Johnson mit seiner Rhetorik geplant hatte. Und sie hellten sich erst viel zu spät auf, als das Loblied auf das Heute in der Übersetzung hinterherhinkte – ein kurzweiliger Vortrag drohte in eine Zerreißprobe zu geraten, aber das war – Ende gut, alles gut! – eine leichte Irritation, die sich im heiter gelösten Schlussapplaus für Johnsons artige Komplimente an das Gastland Baden-Württemberg auf das Schönste aufhob.

Ende gut, alles gut? Der Marmorsaal der Weissenburg, elegantes, leichtes, fast schwebendes Rokoko, hat an der Stelle, wo die Bühne für die Redner aufgebaut war, eingelassene Vertiefungen: Becken, die sich früher mit Wasser füllen ließen, vielleicht für Seerosen, vielleicht für Wasserspiele. Diese Becken, vielleicht zehn, fünfzehn Zentimeter tief, waren leer und erwiesen sich als verhängnisvolle Falle. Als nämlich der Beifall nach Johnsons Dankrede verebbt war, verbeugte sich Johnson und trat dann, ganz Kavalier, ein, zwei Schritte zurück, um seiner Dolmetscherin beim Abgang von Rednerpult und Bühne den Vortritt zu lassen. Dabei strauchelte er und während im Publikum, das sich schon anschickte aufzustehen, um die Sitzreihen für einen kleinen Sekt-Umtrunk zu verlassen, spitze Schreckensschreie laut wurden, stolperte er in eins der flachen Becken. Er rappelte sich schnell hoch; nichts passiert, dachte man. Aber dann konnte er nicht alleine gehen. Man brachte ihn in ein Krankenhaus, und am Abend beim Festbankett im Schlossgartenhotel, als selbstbewusste württembergische Winzer mit berechtigtem Stolz ihre Weine präsentierten, erfuhren wir, dass Johnson sich einen Bänderriss zugezogen habe und längst im Flugzeug nach London sitze, wo er noch am gleichen Abend operiert werden sollte. Er musste dann längere Zeit am Stock gehen, und ich weiß nicht, ob diese schmerzhafte Erfahrung seine Meinung über den Trollinger positiv beeinflusst hat. Offenbar war es Johnson, der »obviously« nicht gut gereist war, als er Württemberger Weine probierte.

Mit **Günter Grass** im Regionalexpress

Im Mai 2000 stieg ich in Görlitz um 7 Uhr 30 in den Regionalexpress, der über Cottbus nach Berlin fuhr. Es war ein schöner Morgen, der Zug ziemlich leer und der Schaffner, der mich begrüßte, wohl gelaunt.

Ob es sein könne, dass er mich kenne, fragte er, und ob er mir einen Kaffee bringen dürfe. Als er den Kaffee (ja, schwarz, nein, keinen Zucker, keine Milch) gebracht hatte, fragte er mich, ob ich Autogrammkarten dabei habe. Als ich verneinte, sagte er: »Schade! Jetzt wird mir wieder niemand glauben, dass ich Sie im Zug getroffen habe.« Niemand glauben? Ich fand die Bemerkung übertrieben. Als der Schaffner gegangen war, fing ich an, Zeitungen zu lesen, mit denen ich mich für die lange Bahnfahrt reichlich versorgt hatte. Doch schon war der Schaffner wieder da, pflanzte sich vor mir auf und stemmte die beiden Arme in die Hüften: »Waren Sie eigentlich überrascht, als Sie den Nobelpreis bekommen haben?« Ich wusste, jetzt wird's peinlich, jetzt wird's unangenehm. Also sagte ich, Feigling, der ich bin, um Zeit zu gewinnen: »Ooch!« Und als der Schaffner die Frage nachschob: »Aber gefreut haben Sie sich doch sicher?«, antwortete ich wieder mit »Ooch!«.

Als er gegangen war, brach mir der Angstschweiß aus. Ich zog in dem leeren Abteil die Vorhänge zum Gang zu und versuchte, Zeitung zu lesen, aber es gelang mir nicht. »Mein Gott, was mache ich jetzt nur?«, dachte ich. Der Schaffner erzählt inzwischen wahrscheinlich all seinen Kollegen, dass er Günter Grass – denn der musste ich in seinen Augen sein, Thomas Mann und Heinrich Böll waren ja schon tot – im Zug getroffen habe. Die würden in mein Abteil linsen und den Schaffner fragen, ob ich mich wirklich für Grass ausgegeben hätte. »Grass?«, würden sie sagen. »Das ist der niemals! Grass hat einen Schnauzer. Und überhaupt. Der da ist ein Hochstapler!«

Was mache ich nur, dachte ich und hoffte, dass es in Cottbus einen Personalwechsel geben würde. Ich hoffte vergeblich. Also fasste ich mir ein Herz, ging zum Schaffnerabteil, öffnete es und sagte: »Übrigens Sie haben mich verwechselt. Ich bin nicht Günter Grass«. »Das weiß ich inzwischen auch, Herr Kasarek«, sagte der Schaffner und lächelte ziemlich schief. Kasarek! Von da an bis zur Ankunft in Berlin blickten der Schaffner und ich jedes Mal zur Seite, wenn wir uns begegneten. So wie zwei Menschen, die sich etwas Unangenehmes zugemutet und angetan hatten.

Nun habe ich mich danach gefragt, während mir die Begegnung mit dem Schaffner als falscher Grass wie ein unangenehmer Geschmack auf der Zunge lag, wie mich der Schaffner denn mit Günter Grass verwechseln konnte, mit dem ich etwa so viel Ähnlichkeit habe wie, sagen wir Verona Feldbusch mit, sagen wir, Alice Schwarzer. Der eine hat einen Schnauzer und sieht unverwechselbar kaschubisch aus, und ich, ich habe keinen Schnauzer und sehe alles andere als kaschubisch aus. Ich habe es mir so erklärt. Am 30. September 1999 bekam Grass den Literatur-Nobelpreis zuerkannt, was sofort als Eilmeldung mit dicken Ausrufezeichen über alle Agenturen lief. Noch am späten Abend wurde ich ins Hamburger NDR-Studio in Lokstedt gebeten und zu der Preisverleihung befragt. Grass war gleichzeitig in Lübeck vor der Kamera, wo er in einer Stampe mit Freunden und Lübecker Nachbarn auf das Ereignis anstieß. Ich nehme nun an, der Schaffner, der an diesem Abend frei hatte und zu Hause fernsah, tat das nicht als Literaturfreund, sondern als Zapper, den es kurz in die Extrasendung zum Nobelpreis verschlagen hatte, nur kurz, versteht sich. Da hat er mich gesehen und mit Grass verwechselt – und mich deshalb gefragt, ob ich mich über den Nobelpreis gefreut hätte. So traf ich Grass in mir selbst.

Wie ich mit **Helmut Kohl** über abgenommene Führerscheine sprach

Kürzlich war ich mit Helmut Kohl bei seinem Lieblings-Italiener am Roseneck zum Abendessen verabredet. Nach einem Blick auf die Speisekarte empfahl mir der fürsorglich hausväterliche Altkanzler die Linsensuppe. Die sei ausgezeichnet. Oder die Bohnensuppe. Die auch. Welche er bevorzuge, fragte ich. Er lächelte breit, zufrieden und – der Ausdruck ist angebracht – einverständig verschwörerisch und sagte: »Beide!«

Notgedrungen sprachen wir auch über das Alter und damit auch zwangsläufig von »früher«. Und Kohl erzählte, wie er als Ministerpräsident in Rheinland-Pfalz wöchentlich eine Sprechstunde für seine Landsleute eingerichtet habe, damit die ihm erzählen könnten, wo sie der Schuh drücke.

Und eines Tages sei ein alter Mann gekommen, bestimmt schon achtzig. Und der habe eine Eier-

Farm und habe mit seinem Dreirad-Auto die Eier noch selbst zu seinen Kunden gefahren. Und einmal sei es passiert, da habe er an einer Kreuzung einen Unfall gehabt, nichts Schlimmes, halt das Auto umgekippt und die Eier kaputt, und der Alte sei nicht mal Schuld gewesen. Aber da er Achtzig war oder drüber, habe man ihn überprüft und auch zu einer Augenkontrolle genötigt, und da konnte der Arme die größten Buchstaben auf den Schautafeln des Augenarztes nicht mehr auseinander halten, also habe man ihm den Führerschein abgenommen. Und da sei der Alte in Rage geraten und habe getobt, erst bei der Polizei und später auch bei Gericht und habe in unflätigster Wut die Beamten beleidigt …

Kohl hat sich dann wohl für den Mann eingesetzt, nicht damit man ihm den Führerschein zurückgebe, nein das nicht, aber dass man Verständnis für seine Wut aufbringe, denn das Wegnehmen des Führerscheins, das sei für Alte wie ein Abschied vom Leben, vom Männerleben, man müsse das nicht vertiefen, was für einen Mann das Autofahren bedeute.

Und da erinnerte ich mich an Billy Wilder. Wie ich den fast Neunzigjährigen einmal im Januar besuchte. Und er war grimmig und sagte auf die Frage: Wie es ihm gehe, schlecht, denn der Fahrprüfer habe ihm gerade seinen Führerschein eingezogen, nach der jährlichen Fahrprüfung, die man in seinem Alter in Kalifornien machen müsse, Tests und Vorfahren.

Er, Wilder, habe lediglich herausschinden können, dass er in einer Woche noch mal vorfahren dürfe. »Und wenn er mich dann wieder durchfallen lässt (Wilder grinste sardonisch), dann fange ich ein Verhältnis mit seiner Frau an, während der Zeit, da er Fahrprüfungen abnimmt, und erschieße ihn, nachdem er mich in flagranti ertappt hat, im Duell. Wilder versteckte seine Gefühle in einem absurden Witz, aber eigentlich war es ihm todernst mit der ohnmächtigen Wut über den drohenden Fahrlizenzverlust.

Ich erzählte das zu Mittag seinem Agenten Gary Salt (»Herr Salz«, wie Wilder für mich immer übersetzte), dem Nachfolger des legendären Emigranten-Agenten Paul Kohner mit dem wunderbaren einstöckigen Landhaus-Büro an der Biegung des Sunset Boulevard (lang ist's her!). Und Gary, der praktisch zwei Sitze am Tisch füllte, weil er schon zum Frühstück ein T-Bone-Steak mit Bohnen nebst Eggs Benedict mit dicker Hollandaise in sich hineinschaufelte, Gary also sah mich an und sagte: »Also sei mal ehrlich. Eigentlich sollte man in Billys Alter einmal wöchentlich, ja sogar einmal täglich eine Fahrprüfung ablegen müssen.« Das sei schon gut so. Oder ob ich möchte, dass Wilder am Steuer unterwegs wäre, während meine Kinder über die Straße gingen?

Ich sagte, dass meine Kinder in Europa seien und wandte ein, dass die Autostrecke zwischen dem Wilshire Boulevard in Westwood und Wilders Parkplatz im »Plaza« des Rodeo Drive in Beverly

Hills so leicht sei, man fahre da ohnehin wie in der Straßenbahn, schwimme in einem sanften Strom mit, während einem aus dem Radio ein Wetterbericht von ewiger Sonne und blauem Himmel um die Ohren gesäuselt werde.

Trotzdem, sagte Gary und schob eine Riesengabel Spaghetti in seinen Mund. »Er könnte sich einen Chauffeur gönnen, Geld hat er, und im Fond während der Fahrt die ›Los Angeles Times‹ lesen. Ich würde das machen, an seiner Stelle.«

Ich sagte, das sei eine Frage der Ehre. Und eine des Abschieds. Und Gary solle an König Lear denken. Was dem alles passiert sei, nachdem er die Pappe abgegeben habe. Und dann stachen wir wieder auf die Spaghetti ein.

Register

Adelmann, Graf 272
Adenauer, Konrad 25, 26, 27, 28, 42, 73
Adorno, Theodor W. 120
Albee, Edward 51
Albers, Hans 19, 139
Allen, Woody 172, 232, 233, 234, 235, 236, 237, 238
Archerd, Army 249
Aristophanes 136
Artmann, H.C. 62
Augstein, Rudolf 117, 161, 165, 166, 167, 177, 179, 180, 186
Aznavour, Charles 21

Baker, Chet 103
Bardot, Brigitte 181, 182, 183, 184
Barschel, Uwe 190
Bauer, Fritz 59
Bauer, Hans 52, 53
Baumann, Heinz 33, 34, 35, 36, 37, 38, 47, 57, 70
Baumgart, Reinhard 91
Beatty, Warren 227, 228
Becker, Reinhard Paul 90, 91
Becker, Jurek 172
Beckett, Samuel 101
Beethoven, Ludwig van 208
Bergman, Ingmar 51, 67
Bernhard, Thomas 143, 144, 145
Bernstein, Leonard 208
Besson, Benno 129, 131, 132
Biedrzynski, Richard 123
Biermann, Pieke 191
Biermann, Wolf 151, 152, 153, 154, 211, 212, 213, 214
Bisset, Jacqueline 241, 242, 243, 244
Bissinger, Manfred 196
Bloch, Ernst 46, 47, 48, 85
Bogart, Humphrey 238
Böhm, Karl 70
Böhm, Karlheinz 70

Böhme, Erich 161
Böll, Heinrich 96
Bondy, Luc 215
Borsche, Dieter 41
Brandauer, Klaus Maria 50
Brandt, Willy 107, 172
Brecht, Bertolt 41, 42, 52, 65, 67, 83, 84, 85, 87, 118, 129, 131, 132, 140, 152, 156, 199, 200, 217
Breker, Arno 51
Bubis, Ignaz 171
Budzinski, Klaus 113, 114
Büchner, Georg 168
Bülow, Vico von, siehe Loriot
Buñuel, Luis 209
Bush, George 175

Chandler, Raymond 262
Chaplin, Charlie 238
Chruschtschow, Nikita 201
Clever, Edith 64
Cole, Nat King 229
Colpet, Max 220, 221
Costner, Kevin 236, 237, 239
Cranko, John 39, 68, 70, 71, 72, 73
Cukor, George 201
Curtis, Tony 138

Daume, Willi 185, 186
Delacroix, Eugenè 86
Diamond, Iz 173
Dietl, Helmut 203, 204, 239
Dietrich, Marlene 219, 220, 221, 222, 238
Dönhoff, Marion Gräfin 115, 116, 117, 118
Dohnanyi, Klaus von 191, 192
Donner, Wolf 100
Dubček, Alexander 111

Dürrenmatt, Friedrich 99, 100, 101, 102, 199
Dylan, Bob 152

Eberle, Josef 29, 30, 31, 32, 74, 75, 76, 77, 78
Eiermann, Egon 74
Einstein, Albert 89, 95
Elsner, Gisela 189
Elstner, Frank 186, 187
Engelmann, Inge 125, 126
Ensslin, Gudrun 122
Enzensberger, Hans Magnus 85
Erler, Fritz 107
Eschenburg, Theodor 21, 22, 23, 24

Farah Diba 166
Farrow, Mia 233, 234, 236
Fassbinder, Rainer Werner 64, 156, 209
Fehling, Jürgen 53
Feiler, Herta 18
Feldbusch, Verona 277
Feltrinelli, Giangiacomo 79, 80, 81, 82
Feltrinelli, Inge 79, 80
Ferres, Veronica 203
Fest, Joachim 169
Fischer, Sebastian 50
Fitz, Peter 64
Fleißer, Marieluise 156
Flimm, Jürgen 215
Forst, Willy 262
Freud, Sigmund 187
Frisch, Max 36, 85, 199

Ganz, Bruno 50, 64, 138, 140, 141
Garner, Errol 200
Gaulle, Charles de 119
Genscher, Hans-Dietrich 172
Giehse, Therese 199

283

Getz, Stan   103, 105, 106
Goethe, Johann Wolfgang von   198, 199
Goldstücker, Eduard   111
Gosch, Jürgen   215
Grant, Cary   209
Grass, Anna   90
Grass, Günter   83, 84, 85, 86, 87, 88, 90, 96, 107, 112, 193, 195, 196, 275, 276, 277
Griem, Helmut   50, 53, 149
Grönemeyer, Herbert   215
Grosz, George   43
Gründgens, Gustaf   37, 53

Haenel, Nikolaus   60, 61
Härtling, Peter   114
Hahn, Ulla   189, 190, 191, 192
Haider, Jörg   60
Hammett, Dashiell   25
Handke, Peter   89, 91, 92, 135, 139, 142, 143, 144, 145
Hauser, Bodo   225
Havel, Václav   111
Hart, Gary   175
Heckenhauer   75
Heerdegen, Edith   70
Heidegger, Martin   179
Heidemann, Gerd   204
Henninger, Rolf   50
Hensel, Georg   51, 168, 169, 170, 171, 174, 175, 176
Hering, Gerhard F.   51, 52
Hesse, Hermann   75, 85
Heuss, Theodor   30, 59, 76
Hippler, Fritz   20
Hirschkorn, Uwe   243
Hitchcock, Alfred   181, 182, 208
Hitler, Adolf   13, 14, 15, 17, 19, 20, 43, 65, 193, 196, 197, 199, 203, 204, 205

Hochhuth, Rolf   39, 40, 41, 42, 43, 44, 45
Höllerer, Walter   91
Hoffman, Dustin   238
Hoger, Hannelore   70
Hommel, Friedrich   77
Honecker, Erich   218
Horkheimer, Max   119, 120, 121, 122
Horváth, Ödön von   60, 156, 157
Hübner, Kurt   64, 65, 66
Humphrey, Hubert   107

Jäger, Malte   58
Jenny, Urs   217, 245
Jens, Walter   46, 91
Jesserer, Gertraud   146, 147
Johnson, Hugh   269, 270, 272, 273, 274
Jünger, Ernst   179, 180
Jürgens, Curd   184

Kästner, Erich   185
Kafka, Franz   96
Kaiser, Joachim   91, 111, 114
Karajan, Herbert von   208
Karusseit, Ursula   131
Kennedy, Jacqueline   243
Khomeini   175, 176
Kienzle, Ulrich   225
Kiesinger, Kurt-Georg   44
Kisch, Egon Erwin   262
Kleist, Heinrich von   72
Klink, Vinzent   269
Koeppen, Wolfgang   27
Kohl, Helmut   278, 279
Kohner, Paul   280
Kopp, Mila   47, 70
Kortner, Fritz   41, 56, 57, 143

Kraus, Karl 60, 62, 191
Kreis, Bernd 269
Kroetz, Franz Xaver 156, 157, 162
Krolow, Karl 52
Kuenheim, Haug von 117, 118
Kujau, Konrad 203
Kupfer, Bettina 248

Lampe, Jutta 64
Lange, Victor 93, 94, 95, 96, 97, 98
Laube, Horst 125
Leandros, Vicky 178
Lebert, Stephan 188
Lemmon, Jack 138, 207, 208, 251, 262
Lingen, Theo 55
Löffler, Sigrid 252
Lohner, Helmut 50, 143, 144, 145
Lorca, Federico García 52
Loriot, s.a. Bülow, Vico von 172, 185, 186, 187, 188
Lukas, George 246, 247
Lüders, Günter 69

Madden, John 209
Mahnke, Hans 37, 47, 70
Maier, Reinhold 76
Mann, Thomas 89, 95, 199, 259
Marcuse, Herbert 120
Marx, Karl 48, 119
Mattes, Eva 157, 159, 160, 162, 163
Matussek, Matthias 217
Maurstad, Thoralv 66, 67
May, Karl 115, 118
Mayer, Hans 48, 49, 91
Maximilian (Kaiser) 198
McCarthy, Joseph Raymond 25
McLaine, Shirley 208

Melchinger, Siegfried 29, 30, 31, 59, 75, 76, 77, 118, 123
Mendelsohn, Erich 74
Merz, Carl 60
Meyen, Harry 147, 148, 149, 150
Meyerinck, Hubert von 57
Michaelis, Rolf 77, 123
Mielke, Erich 211, 212, 213, 214
Miller, Arthur 201, 262
Minks, Wilfried 125
Mitscherlich, Alexander 107, 108, 109, 110
Mitscherlich, Margarethe 108
Mitscherlich, Thomas 110
Molnár, Ferenc 262
Monroe, Marilyn 198, 200, 201, 202, 207, 262
Montand, Yves 21, 201
Mozart, Wolfgang Amadeus 70, 142, 208
Müller, Heiner 215, 216, 217, 218
Müller-Freienfels, Reinhard 101, 102
Müller-Marein, Josef 115
Mulligan, Jerry 103

Nabokov, Vladimir 95
Nagel, Ivan 146, 160
Napoleon I. 198
Naumann, Michael 196
Neher, Carola 130
Nestroy, Johann Nepomuk 60, 136, 143, 144, 146, 148, 156, 157,
Niebergall, Ernst Elias 168
Nietzsche, Friedrich 199
Noelte, Rudolf 36, 41, 47, 53, 55, 56, 57, 58, 200

Ollenauer, Erich 107
Onassis, Aristoteles, Sokrates 243
Ostrowski, Alexander 31

Pacino, Al 238
Pahlawi, Schah Reza 124, 164, 166, 167
Palitzsch, Peter 41, 64, 65, 66, 67, 123, 125, 126, 127
Palma, Carlo di 235
Papadopoulos, Georgios 103, 104
Parker, Charlie 103
Parker, Robert B. 269
Pasternak, Boris 80
Pattakos, Stilianos 103
Pavarotti, Luciano 179
Petersen, Wolfgang 263
Pfeifer, Michelle 238
Picasso, Pablo 130
Piccoli, Michel 147
Piscator, Erwin 41
Ponte, Lorenzo da 208
Proust, Marcel 85
Puck, Wolfgang 263

Qualtinger, Helmut 59, 60, 61, 62, 63
Quinn, Anthony 243

Raft, George 230
Raimund, Ferdinand 156, 157
Rasp, Renate 111, 113, 114
Reagan, Ronald 262
Reich, Wilhelm 120
Reich-Ranicki, Marcel 91, 174, 189, 191, 192, 210, 223, 224, 225, 226, 251, 252, 257, 258, 259, 260
Remarque, Erich Maria 262
Remy, Maurice Philipp 260
Richter, Hans Werner 89, 90, 107

Rose, Jürgen 56
Rühle, Günter 169
Rühmann, Heinz 17, 18, 19, 20, 138, 139

Salt, Gary 280, 281
Sander, Otto 64, 138, 140, 141
Schäfer, Walter Erich 39, 42, 44, 68, 71, 72, 73
Schell, Immy 47
Schell, Maximilian 50, 222
Schenk, Otto 143
Schiller, Friedrich von 40, 42
Schmid, Carlo 22
Schmidinger, Walter 155, 156, 157
Schmidt, Willi 53
Schmieding, Walter 172
Schneider, Magda 148
Schneider, Romy 146, 147, 148, 149, 150
Schnurre, Wolfdietrich 79, 81
Schwarz, Ulrich 212, 213, 217
Schwarzenegger, Arnold 263
Schwarzer, Alice 277
Senft, Heinrich 148
Shakespeare, William 64, 83, 84, 136, 160, 209
Sieburg, Friedrich 59
Siegel, Bugsy 227, 228, 231
Signoret, Simone 201
Silja, Anja 70
Sinatra, Frank 200, 229
Skriba, Bodo 239
Sontag, Susan 91, 93
Soraya, Esfandiary Bakhtiary 166
Sperr, Martin 156

Spielberg, Steven 243, 245, 246, 247, 248, 249, 250, 251, 252
Springer, Axel Cäsar 124, 112
Stalin, Jossif W. 195
Stein, Gisela 149
Stein, Peter 64, 139
Sternberg, Josef von 219
Sternheim, Carl 47, 55, 56, 116
Storz, Gerhard 30, 59, 76
Storz, Oliver 77
Strauß, Franz Josef 186
Stresemann, Gustav 23
Süskind, Patrick 204
Soon-Yi 233, 236

Theodorakis, Mikis 104
Thimig, Johanna 34, 35, 38
Thomson, David 262
Trantow, Cordula 57
Travolta, John 210, 263
Traxl, Josef 70
Troll, Thaddeus 59
Truffaut, François 241
Tschaikowski, Peter Iljitsch 71
Tschechow, Anton Pawlowitsch 42, 58, 174

Ulbricht, Walter 46, 199
Ullmann, Liv 64, 67
Unseld, Siegfried 80, 85

Vater, Karlheinz 152
Villon, François 62
Vito, Danny de 238
Vogel, Nick 148
Vogel, Peter 147, 148
Vogel, Rudolf 148

Wagenbach, Klaus 93, 94, 95, 96, 97
Wagner, Gertrud 70
Wagner, Wieland 70
Wallraff, Günter 153
Walser, Martin 42, 85, 86, 107, 114, 223, 224, 225, 226
Webber, Andrew Loyd 264
Wehmeyer, Jörg 125, 126
Weigel, Helene 129
Weiss, Peter 48, 49
Wekwerth, Manfred 131
Wicki, Bernhard 57
Wieczorek-Zeul, Heidi 152, 153
Wieser, Harald 179
Wilder, Billy 173, 174, 200, 201, 202, 207, 208, 210, 220, 221, 227, 228, 229, 230, 231, 248, 249, 250, 251, 261, 262, 263, 264, 265, 267, 268, 279, 280
Wilder, Thornton 133, 136, 137
Wildgruber, Uli 160
Williams, Tennessee 89
Wilson, Bob 215
Windgassen, Wolfgang 70
Wohmann, Gabriele 168
Wunderlich, Fritz 70
Wuolijoki, Hella 139
Wussow, Jürgen 50

Zahn, Peter von 253, 254, 255, 256
Zadek, Peter 64, 66, 159, 161
Zeffirelli, Franco 209
Zolotow, Maurice 200, 201, 202

Aus den Vagabundenjahren eines Erfolgsschauspielers

Gottfried John, der international bekannte Charakterdarsteller, erzählt von seiner schrägsten Rolle: dem eigenen Leben. Seinen Vater lernte er nie kennen, seine Mutter war eine Vagabundin. Per Anhalter zogen beide durch Deutschland, ohne Geld und auf der Flucht vor Polizei und Jugendamt. Voller Humor und ohne Beschönigung beschreibt John seine abenteuerliche Jugend – ein Beispiel dafür, wie ein junger Mensch trotz aller Widerstände seinen Weg finden kann.

»Fast so abenteuerlich wie Charles Dickens' *Oliver Twist*. Ein sehr unterhaltsames Buch – unsentimental und doch berührend.«
Süddeutsche Zeitung

Gottfried John
Bekenntnisse eines Unerzogenen

ULLSTEIN TASCHENBUCH